国家出版基金项目
NATIONAL PUBLICATION FOUNDATION

"认识中国·了解中国"书系

"十三五"国家重点出版物出版规划项目

THE CODE OF CHINA'S NEW GOVERNANCE

TOWARD THE MODERNIZATION OF SYSTEM AND CAPACITY

中国之治

国家治理体系和治理能力现代化十五讲

杨开峰 等◎著

撰 稿 人

（按姓氏音序排列）

何艳玲　胡宏伟　李文钊　刘　鹏　孙柏瑛

孙玉栋　王宏伟　王虎峰　魏　娜　许光建

杨宏山　杨开峰　叶裕民　张占录　张　璋

中国人民大学出版社

·北京·

序　言

杨开峰

党的十九届四中全会通过的《中共中央关于坚持和完善中国特色社会主义制度　推进国家治理体系和治理能力现代化若干重大问题的决定》是对党的十八大、十九大以来党中央关于深化改革系列决定和精神的延续和深化，为进一步发展世界一流、中国特色的国家治理理论与实践指明了方向。《决定》进一步厘清了国家治理的内涵、外延和概念体系。与西方主流的、预设一种西方模式的治理理论不同，《决定》表明我国国家治理首先是一个伟大的社会主义实践，是历史和人民选择的结果，彰显了国家治理的民族性、历史性、人民性和政治性，强调了我国国家治理的十三个显著优势，具有鲜明的中国特色。同时，《决定》把国家治理体系和治理能力看作一个国家基本制度及其执行能力的集中体现，以马克思主义方法论为指导，对国家治理做了全面、科学、系统的界定。《决定》体现的理论体系逻辑严密、全面系统，反映了哲学社会科学发展的最新成果，吸纳了世界各国发展的先进经验，总结了我国社会主义建设的成功实践，达到了普遍性和特殊性的高度统一。

对于《决定》这样一个充满治国理政智慧的文本，社会科学工作者，尤其是公共管理学者，需要认真学习，深入领会，积极阐释，主动转化。党的十九届四中全会之后，中国人民大学公共管理学院举办了三场学术论坛，组织学院教师从各自专业的角度阐释全会《决定》，在师生之间引发了广泛而热烈的讨论。本书大部分章节都是三场论坛发言的产物。

政策文本具有包容性、丰富性、延展性。一千个人心中有一千个哈姆雷特。人们从各自的角度和视野出发理解同一个文本，有利于揭示文本背后意义的丰富性，有利于发现应用场景的广泛可能性，这恰恰是社会科学工作者可以做出的贡献。本书的作者们学科背景多样，研究旨趣不同，文字风格各异，所以我对大部分章节没有做大的改动，不是偷懒，而是希望大家能看到原汁原味的作品——我始终认为对政策文本的解读不应该只有一张刻板的面孔，而是需要保持应有的丰富性。当然，为了尽快与读者见面，大家行文仓促，加之本人水平有限，疏漏之处在所难免。在准确性和时效性之间，我们只能做到尽量平衡。

在此，要感谢我的同事们，他们在百忙之中欣然同意加入这个团队。也要感谢中国人民大学出版社的朱海燕女士，没有她的支持和帮助，本书难以成文。最后需要提到，本书受国家自然科学基金重点项目“地方治理体系与治理能力的影响因素、改革路径与治理效果”（71633004）支持。

作者简介

（按姓名拼音字母排序）

何艳玲，中国人民大学公共管理学院教授、博导。研究领域为城市与地方治理、社会治理、行政改革及公共行政理论。目前为国家社科基金重大项目“中国改革开放创造的治理经验及政府理论提升”负责人。

胡宏伟，中国人民大学公共管理学院副教授，社会保障研究所所长，健康保障研究中心执行主任，国家发展与战略研究院研究员。研究领域包括健康保障、脆弱人群保护、公共政策分析、老年问题等，主持国家、省部级科研项目 20 余项，出版著作 4 部，发表 SSCI、CSSCI 期刊论文 50 余篇。

李文钊，中国人民大学公共管理学院教授，兼任中国人民大学首都发展与战略研究院副院长、公共财政与公共政策研究所副所长、《公共管理与政策评论》副主编，中国人民大学“杰出学者”青年学者。在《管理世界》等杂志发表论文 50 多篇，主持国家自科基金等项目，致力于政策过程理论、治理理论等研究。

刘　鹏，中国人民大学公共管理学院教授、博导，MPA 教育中心主任，食品安全协同治理创新中心药品监管与法律研究所所长。研究领域为风险治理、政府监管与医疗卫生政策。在《中国行政管理》、

《公共管理学报》、*Regulation & Governance*、*Food Policy* 等刊物发表论文 70 余篇。主持国家社会科学基金重大项目 1 项、自然科学基金项目 2 项。

孙柏瑛，中国人民大学公共管理学院教授、博导，院党委副书记，国家战略与发展研究院研究员。主持国家社科基金重大项目，发表核心期刊论文 50 余篇，主要研究领域为公共管理理论、地方治理、基层社会治理等。

孙玉栋，中国人民大学公共管理学院教授、博导，第三届全国公共管理专业学位教育指导委员会副秘书长，北京国家会计学院等多家大学兼职教授，哈尔滨金融学院金苑讲座教授。主持国家、省部级科研项目 20 余项，出版学术专著 6 部，发表学术论文百余篇。研究领域为公共财政管理。

王宏伟，中国人民大学公共管理学院副教授，国家安全研究中心主任，主要研究应急管理和国家安全。撰写《中国应急管理改革：从历史走向未来》《新时代应急管理通论》等著作，发表文章多篇。

王虎峰，中国人民大学公共管理学院教授、博导，医改研究中心主任。主要研究医改政策和卫生管理。2017 年、2018 年、2019 年连续 3 年获评“年度最受关注的医改专家”。2015 年和 2019 年连续出任第二届、第三届国务院医改专家咨询委员会委员。

魏　娜，中国人民大学公共管理学院教授、博导，中国人民大学地方政府发展战略研究中心主任，人文北京研究中心副主任，北京市志愿服务发展研究会副会长，两岸四地公共管理学术研讨会秘书长。主要研究政府改革、城市管理、社区管理和志愿服务。出版《社区组织与社区发展》和《志愿者》等。

许光建，中国人民大学公共管理学院公共财政与公共政策研究所教授、博导，国务院关税税则委员会专家咨询委员会委员，中国价格协会副会长。国务院政府特殊津贴获得者。研究专长为宏观经济理论与政策、公共财政理论与政策、价格理论和价格政策等。多次获得“薛暮桥价格研究奖”等奖励。

杨宏山，中国人民大学公共管理学院副院长，教授、博导，公共财政与公共政策研究所所长，兼任全国公共管理专业学位研究生（MPA）教育指导委员会副秘书长、中国行政管理学会理事、北京城市管理学会理事，主要从事中国政策过程、城市治理、社会治理研究。

杨开峰，中国人民大学公共管理学院院长，教授、博导，全国公共管理专业学位研究生教育指导委员会秘书长，美国国家行政科学院院士，主编《公共绩效与管理评论》（英文 SSCI）及《公共管理与政策评论》（中文）。研究兴趣包括国家治理、绩效管理、政府改革、公共组织等。

叶裕民，中国人民大学教授、博导。研究方向为区域与城市经济学、城市化与城市治理。发表专著十余部、论文 120 多篇，主持各类项目 70 多个。全国高等学校建筑学专业教学指导委员会、城乡规划学科专业教学指导分委委员会委员，住建部、自然资源部，北京市、四川省、江苏省、广西南宁市等多个部委和省（区、市）政府顾问。

张占录，中国人民大学公共管理学院土地管理系主任、教授、博导，中国农业工程学会土地利用工程专业委员会副主任。出版专著、教材等 10 余部，发表论文 100 余篇，主持国家社会科学基金、国家自然科学基金、国土资源部等部门科研项目 80 余项。主要从事国土空间规划、国土整治研究。

张　璋，中国人民大学公共管理学院副教授，主要研究领域为政府改革和创新、政府绩效管理、政策工具。

目　录

心，以推进行政体系一体化、简约化、效能化和分权化为四维支撑，从而建设高效、法治、透明、廉洁的中国之治体系，为实现国家治理体系和治理能力现代化奠定坚实的行政基础。

尽管对于政府工作的评价还有很多其他标准，如科学、规范、系统、完备、高效等，但人民满意是对政府工作评估的首要标准。人民是否满意、人民是否有获得感、人民是否有安全感，应该成为政府各项工作最终的检验准则。

党的十九届四中全会《决定》提出了包括公有制为主体、多种所有制经济共同发展，按劳分配为主体、多种分配方式并存，社会主义市场经济体制等三大制度相结合的基本经济制度，这是我国经济领域最基础的制度，必须坚持好、完善好这一基本制度。

第五章　中国之治背景下的财政体制改革　孙玉栋

党的十九届四中全会《决定》提出，要建立权责清晰、财力协调、区域均衡的中央和地方财政关系，形成稳定的各级政府事权、支出责任和财力相适应的制度，这一提法在真正意义上把中央与地方的政府间关系以法制化的形式固定下来。

第六章　创新特大城市治理，推进统筹城乡民生保障制度　叶裕民

统筹城乡发展的核心内容是新型城市化，基本特征是系统有序推进，最大贡献是对完善社会主义制度的有效探索，最重要结果是解放和发展生产力，形成城乡居民同城同权、共创共享新型发展格局。

第七章　中国社会保障治理改革　胡宏伟

“应保尽保”兼有发展路径和发展目标的双重特点：它既是中国社会保障体系发展的重要路径，即通过覆盖惠及更多人群、保障更高的待遇水平来提升国民生活福祉；同时也是社会保障发展的重要目标，实现人群全面覆盖、保障需求全面满足，本身就是中国社会保障体系发展的理想情景和根本目标。

第八章 用党的十九届四中全会精神指导健康中国建设 王虎峰

党的十九届四中全会《决定》提出，应坚持关注生命全周期、健康全过程，完善国民健康政策，让广大人民群众享有公平可及、系统连续的健康服务。这里的“公平可及”是卫生健康工作的价值观，而“系统连续”则是健康服务的具体实施标准，二者一个是理念上的，一个是实践管理上的，互为表里，密不可分。

第九章 共建共治共享：新时代社会治理的中国方案 孙柏瑛

党的十八大以来，我国建立并不断强化了“一核多元”的基层社会治理结构，政党、政府组织通过资源、组织、管理下沉的方式嵌入社会网络之中，构筑了政党领导、政府负责、多元主体力量参与治理的制度体系，共同治理社会领域的公共问题，这一体制可表述为颇具中国特色的“整合式共治”社会治理模式。

第十章 激发基层社会活力 构建“社会治理共同体” 魏 娜

社会治理要求主体多元化：有能力的政府、健康的市场、发育良好的社会组织。三者在社会治理中各有特点和优势，三方共同发挥作用是良好社会治理的基础。要建设“社会治理共同体”，就要秉持“和而不同”理念，要充分尊重各个主体的差异性和诉求的多样性，构建“倾听—协商—行动”的治理机制。

第十一章 社会治理现代化的制度需求及行动路径 杨宏山

推进社会治理现代化，既要总结社会治理的基本规律，通过自上而下的途径推进制度建设，也要扩大地方自主权，支持各地根据实际情况开展政策创新，总结各地在实践中积累的成功经验，及时将可复制的地方经验纳入国家政策体系中。

第十二章 中国市域社会治理的方法论探索 何艳玲

以人民为中心理念在城市的具体表现，是将城市空间变成人本空间。城市发展不再无序地扩张和蔓延，城市治理者必须统筹城市与其他要素的关系，使城市规划、城市建设、城市设计成为“场所营造的艺术”。

第十三章 构建新时代中国特色应急管理体制 王宏伟

在重大突发事件应对的过程中，政府、军队、企业、社会组织、志愿者等多元力量短时间内在事故灾害现场汇集，彼此之间互不隶属，合作困难。统一指挥可以让应急管理活动相互协调，避免“各吹各的号，各唱各的调”，防止无序与混乱，进而提高应急管理的效率。

第十四章　新时代的生态文明制度建设　张占录

生态文明建设是一场思想观念、理念的深刻革命，也是一个生产方式和生活方式的绿色转型过程。相对其他领域，更需要深化重要领域的改革，坚决破除一切妨碍科学发展的思想观念和体制机制弊端，构建系统完备、科学规范、运行有效的制度体系。

第十五章　中国之治的工具基础　张　玮

制度优势仅仅为国家治理的高效能提供了一个前提，能否将这种优势转化为治理的高效能，取决于制度的有效执行。制度—执行—成效，构成了一个完整的国家治理体系运作链条。制度本身的优越性和执行上的高效性均是中国之治的前提，二者缺一不可。

The Code of China's New Governance: Toward the Modernization of System and Capacity

The Code of China's New Governance: Toward the Modernization of System and **Capacity**

第一章

把制度建设放在国家治理更突出位置

1

把制度建设放在国家治理更突出位置

杨开峰

党的十九届四中全会通过的《中共中央关于坚持和完善中国特色社会主义制度　推进国家治理体系和治理能力现代化若干重大问题的决定》（简称《决定》），全面回答了在我国国家制度和国家治理体系中应该“坚持和巩固什么、完善和发展什么”，为推动各方面制度更加成熟更加定型明确了思路。这是我们党第一次把国家制度和国家治理体系作为中央全会的主题，第一次全面总结了中国特色社会主义治理的制度密码，第一次完整阐述了中国特色社会主义制度体系及其治理效能，把制度建设放到了国家治理更突出的位置。《决定》是一个具有深厚洞见的文本，全面回答了国家制度建设的基本问题，包括一些长期以来在理论界和实践界有争议的问题，需要我们认真学习、深刻领悟。

一、国家治理的制度逻辑

国家治理可以看作是界定各类治理主体之间责权利关系的一套制度安排，而国家治理活动就是在这套制度之下各主体进行的活动。从这个意义上看，现代国家治理的首要任务就是要建立一套行之有效的制度体系，不是某一具体政策的内容，也不是某一治理主体的治理能力或者行为选择。现代国家治理要求法治，要求基于各治理主体承认的制度安排，不是基于人治，不是基于皇权、神权，或者全能的领导者。现代社会的复杂性和不确定性、不同群体之间利益和价值的多元性和冲突性、决策者理性的有限性，都决定了一个事实，即稳定有效的国家治理要依靠制度而不是个人、英雄。无论是经济学中的新制度主义，还是政治学中的新制度主义，都把制度放在突出位置、优先位置。

制度问题带有根本性、全局性、稳定性和长期性。制度建设在中国共产党领导革命和国家建设的历史上一直占据重要地位。从建党、抗日战争、新中国成立，一直到改革开放，党和国家领导人都高度重视制度建设。党的历史，就是以制度建设推动自身建设进而推动中国发展的历史。1980 年 8 月 18 日，邓小平在中共中央政治局扩大会议上发表《党和国家领导制度的改革》的讲话，强调："我们过去发生的各种错误，固然与某些领导人的思想、作风有关，但是组织制度、工作制度方面的问题更重要。"他把组织制度、工作制度放在异常重要的位置，明确指出："这些方面的制度好可以使坏人无法任意横行，制度不好可以使好人无法充分做好事，甚至会走向反面。"

党的十八大以来，特别是十九大以来，以习近平同志为核心的党中央把制度建设摆到更加突出的位置，提出了更高要求。习近平总书记在2013年《切实把思想统一到党的十八届三中全会精神上来》的讲话中提出："国家治理体系是在党领导下管理国家的制度体系，包括经济、政治、文化、社会、生态文明和党的建设等各领域体制机制、法律法规安排，也就是一整套紧密相连、相互协调的国家制度。"从这个论述看，制度体系与国家治理之间一体两翼，相互协调、相互支撑、相互促进。党的十九届四中全会清晰描绘了中国特色社会主义的制度图谱，即"到我们党成立一百年时，在各方面制度更加成熟更加定型上取得明显成效；到二〇三五年，各方面制度更加完善，基本实现国家治理体系和治理能力现代化；到新中国成立一百年时，全面实现国家治理体系和治理能力现代化，使中国特色社会主义制度更加巩固、优越性充分展现"。

制度逻辑对于我们在现阶段进行国家治理转型尤为重要。我们仍处于社会主义初级阶段，发展仍然不平衡、不充分，同时面临着复杂多变的国际竞争环境，而我们在技术上、人民整体素质上总体落后于西方发达国家，只有靠制度优势才能实现后发优势。同时，治理转型要求我们采用新理念，打破旧格局，对各级政府工作人员提出更高要求，是一个刀刃向内的改革过程，不能单纯依靠公共管理者的个体自觉，而是要发挥制度的杠杆作用和约束作用。习近平总书记在党的十九大报告中提出："要加强对权力运行的制约和监督，让人民监督权力，让权力在阳光下运行，把权力关进制度的笼子。"更多用制度治党、管权、治吏，更多靠制度推进改革，是实现国家治理体系和治理能力现代化的必然要求。

二、制度建设的总体逻辑

制度建设的总体逻辑是坚持和完善中国特色社会主义制度。在制度学相关文献中，制度逻辑是一个专有名词，是指在特定历史条件下社会建构出来的一套自洽的规则、假设、价值和信念，通过它们，个体得以组织时间和空间，理解社会现实的意义，实现和再造自己的存在。从某种意义上来说，它是一个制度的“硬核”，是最核心、最本质的线索，是区分此制度与其他制度的决定性特征。一个制度强不强、制度要素之间是否适配、行动者是否感觉到制度的凝聚力，要看这个硬核是否突显。与其他国家相比，我国的国家制度的“硬核”就是中国特色社会主义，我们国家建设和深化改革的总目标就是完善和发展中国特色社会主义制度，既不走封闭僵化的老路，也不走改旗易帜的邪路，这是我们进行制度建设的总体坚守。这体现了制度建设和国家治理的多样性。一个国家选择什么样的治理体系，是由这个国家的历史传承、文化传统、经济社会发展水平决定的。

中国特色社会主义制度是一个严密完整的科学制度体系。《决定》总结了我国国家制度和国家治理体系的十三个显著优势，这是坚定制度自信的基本依据。在中国特色社会主义制度中，具有统领地位的是党的领导制度，也是我国的根本领导制度。党的十八大以来，我们鲜明提出“中国特色社会主义最本质的特征是中国共产党领导，中国特色社会主义制度的最大优势是中国共产党领导，党是最高政治领导力量”。一段时间以来，有些人对于党在国家治理中的全面领导认识不足。忽视这个基本特征，就不能准确理解我国国家治理和制度建设的总体逻辑。

制度建设的总体逻辑是理解国家治理体系和治理能力现代化的钥匙。这个总体逻辑决定了我们国家治理的总任务，即实现社会主义现代化和中华民族伟大复兴，在全面建成小康社会的基础上，分两步走，在21世纪中叶建成富强民主文明和谐美丽的社会主义现代化强国。这个总体逻辑是建立在对我国新时代社会主要矛盾的准确判断上，即人民日益增长的美好生活需要和不平衡不充分的发展之间的矛盾。这也说明社会主义并不是虚幻的、教条的制度安排，而是要坚持以人民为中心的发展思想，建立促进人的全面发展、实现全体人民共同富裕的制度。邓小平说："社会主义与资本主义不同的特点就是共同富裕"，又说，"社会主义最大的优越性就是共同富裕，这是体现社会主义本质的一个东西"。

坚持和完善中国特色社会主义制度这个总体逻辑，意味着我们既要清楚坚持和巩固什么，又要清楚发展和完善什么，做到持续与变革的辩证统一。持续与变革的矛盾是制度建设的一个基本矛盾。一方面，制度的特点和优势在于其提供的稳定性和持续性；另一方面，制度要保持生命力就必须与时俱进，不断变革。行动者面临的挑战是，当我们回过头去看历史的时候，什么要变、什么不变可以看得清楚，但是在当下面向不确定的未来，什么要变、什么不变可能不是那么清楚。《决定》提出的十三个坚持给了我们答案，我们要在坚持国家治理的根本制度、基本制度、重要制度的前提下，不断完善其实现形式和机制措施。

三、制度建设的发展逻辑

对于制度产生和发展的逻辑，社会科学家们有不同的看法。有些人倾向于认为制度有自己独立的规律，是逐渐形成和自我演进的，不以人的意志为转移；有些人倾向于认为制度是行动者设计的，具有高度的可塑性；还有些人的观点则处于二者之间。这其实反映的是制度与行动者之间的关系，或者说是结构与行动者之间的关系。马克思主义告诉我们，制度与行动者之间是矛盾的辩证统一关系，制度影响主体的行为选择，而主体行为反过来又影响制度。延伸来看，制度既有相对独立性和演进性，又受到行动者主观设计的影响。反映在《决定》中，就是历史逻辑、理论逻辑、实践逻辑的高度统一。为什么要坚持中国特色社会主义？为什么它的十三个坚持是我们的显著优势？这是因为它们是历史选择的产物，符合马克思主义科学原理，是党和人民群众在实践中探索的成果。

制度建设首先要符合历史逻辑。制度具有路径依赖性，一旦制度进入某一路径，就受到报酬递增和自我强化的正反馈影响。一方面，中国特色社会主义制度是历史选择的产物，是中国社会历史长期演进和深层结构变革的结果。它根植于中国大地，符合中国深厚的文化传统；它也根植于我们党 90 多年长期奋斗的历史经验，特别是改革开放 40 多年来的经验。2014 年，习近平在省部级主要领导干部学习贯彻十八届三中全会精神全面深化改革专题研讨班上指出："我国今天的国家治理体系，是在我国历史传承、文化传统、经济社会发展的基础上长期发展、渐进改进、内生性演化的结果。"另一方面，历史选择的结果是未来发展的起点，也深刻影响着未来发展的方向和路径。不知道我们从哪里来，就不能正确地判断我们应该往何处去。

制度建设仅仅依靠历史逻辑是不够的。制度主义研究告诉我们，历史选择不一定是最理想的，因为历史的选择受到权力、资源、认知、偶然因素等等的影响。路径依赖可能带来稳定性，但是也可能带来"锁定"和僵化。因此，制度建设要讲科学，还要注重理论逻辑，也就是要运用马克思主义国家学说及其相关的理论和方法。中国特色社会主义制度之所以具有显著优势，是我们党在历史探索中坚持马克思主义中国化的结果，把马克思主义基本原理同中国具体实际相结合，把开拓正确道路、发展科学理论与建设有效制度相结合，用发展着的马克思主义指导国家制度建设，不断深化对党的执政规律、社会主义建设规律、人类社会发展规律的认识，使我国国家制度既体现民族特色和时代特色，又体现科学社会主义的基本原则。

演进逻辑和设计逻辑的结合，或者说历史逻辑和理论逻辑的结合，体现为实践逻辑。理论逻辑是发展着的马克思主义，不是教条的马克思主义，是在实践中不断丰富的结果。实践是检验真理的唯一标准。中国特色社会主义制度是党领导人民进行社会主义建设、改革的伟大成就，一方面是在马克思主义基本原理的指导下，另一方面是历尽千辛万苦经过种种探索，经受了实践检验，彰显了实践伟力，是在实践中不断发展完善的。实践是在理论指导下进行的，并反过来检验、丰富和发展理论。

制度发展的实践逻辑也可以理解为人民逻辑。实践是广大人民群众的实践，人民群众是历史的创造者。党的历史和马克思主义基本原理，都要求制度建设要始终代表最广大人民的根本利益，保证人民当家作主，维护人民合法权益。人民性也是我国国家制度的本质属性。我国国家制度建设要以人民为中心，始终着眼于实现好、维护好、发展好最广大人民的根本利益，着力保障和改善民生，使改革发展成果更多更公平惠及全体人民，避免出现利益集团偏私和政治“精英”操控等现象。

四、制度建设的组织逻辑

制度建设是党和人民群众进行社会主义实践的结果，那么社会主义实践应当如何组织呢？《决定》再次强调，中国特色社会主义制度建设最核心的组织逻辑就是党的领导。党政军民学，东西南北中，党是领导一切的。中国共产党的领导是中国特色社会主义最本质特征，是中国特色社会主义制度的最大优势，要健全总揽全局、协调各方的党的领导制度体系。《决定》指出，要“健全党中央对重大工作的领导体制，强化党中央决策议事协调机构职能作用，完善推动党中央重大决策落实机制，严格执行向党中央请示报告制度，确保令行禁止”。党的十九届三中全会通过的《中共中央关于深化党和国家机构改革的决定》，把完善坚持党的全面领导的制度作为深化党和国家机构改革的首要制度安排，通过强化党组织在同级组织中的领导地位，更好发挥党的职能部门作用，统筹设置党政机构，推进党的纪律检查体制和国家监察体制改革，为更有效进行国家治理提供坚实的组织基础和有效的工作体系。

制度建设的主体不仅仅是党，还有其他很多主体，要在党的领导下把所有的主体有效组织起来，就必须有配套的组织原则和组织体系。

《决定》提出要“健全为人民执政、靠人民执政各项制度”，要“坚持和完善人民当家作主制度体系，发展社会主义民主政治”，包括人民代表大会制度、中国共产党领导的多党合作和政治协商制度、民族区域自治制度、基层群众自治制度等。通过这些制度，我们党把各方治理主体有效组织起来，确保人民依法通过各种途径和形式管理国家事务，管理经济文化事业，管理社会事务。

同时，党在组织国家制度建设的过程中要坚持民主集中制。民主集中制是我们党最大的制度优势，是党的根本组织制度和领导制度，是党内各种制度中最根本的、带有贯穿性和纲领性的制度。邓小平始终把健全民主集中制作为党的制度建设的重要任务，指出：“民主集中制执行得不好，党是可以变质的，国家是可以变质的，社会主义也是可以变质的。”党的十八届六中全会通过的《关于新形势下党内政治生活的若干准则》，强调“坚持集体领导制度，实行集体领导和个人分工负责相结合，是民主集中制的重要组成部分，必须始终坚持，任何组织和个人在任何情况下都不允许以任何理由违反这项制度”。《决定》强调，坚持民主集中制，完善发展党内民主和实行正确集中的相关制度，提高党把方向、谋大局、定政策、促改革的能力。

五、制度建设的评价逻辑

在发展和完善中国特色社会主义制度的过程中，怎么判断我们进行的尝试是“创新”而不是“乱来”？对于我们新推出的体制机制，该怎样去评价？对制度和治理进行评价是一个极具争议性的话题。有些学者认为，制度评价的标准是看其最终结果，比如经济发展水平。但是，有些国家或地区，经济发展水平高的原因可能不在于制度，而在于资源禀赋或者技术优势。因此，有些学者认为，制度评价不能看结果，而是要看制度本身的属性，比如是否体现了现代治理的价值，包括民主、开放、公正、责任、有限、廉洁、有效等等。不过，用制度属性来评价也有难题，因为对于诸如民主和公正的判断是具有政治性和文化性的，不同的国家有不同的理解。目前，国际上有不少关于国家治理的指标体系和排名，比如世界银行的世界治理指数，但是这些指标体系往往没有足够的理论支持，带有西方资本主义国家意识形态的色彩，并通常采用让人诟病的数据来源，对我国进行制度建设的指导意义有限。

《决定》给出了自己的标准。当然，如前所述，制度建设最根本的标准，是历史标准、理论标准、实践标准、人民标准。从宏观上看，我们党一贯强调要在“结果”标准和“属性”标准之间寻求平衡。一方面，制度评价要看结果，要看人民满意不满意，是否能满足人民日益增长的美好生活需要，是否能增进人民福祉、促进人的全面发展。邓小平在《党和国家领导制度的改革》中说道，“我们进行社会主义现代化建设，是要在经济上赶上发达的资本主义国家，在政治上创造比资本主义国家的民主更高更切实的民主，并且造就比这些国家更多更优秀的人才”，“党和国家的各种制度究竟好不好，完善不完善，必须用是否有利于实现这三条来检验”。这三条标准属于结果标准。另一方面，制度建设也要看制度属性，要看制度是否满足一定的条件，制度属性是结果标准在过程上的保障和要求。从某种意义上说，“三个代表”就是这样一种要求，即制度建设要代表中国先进生产力的发展要求，代表中国先进文化的前进方向，代表中国最广大人民的根本利益。

更具体地看，《决定》对我国国家制度建设的目标和标准做出了回答。《决定》指出，我国国家制度体系的总体标准是“系统完备、科学规范、运行有效”，要求“系统治理、依法治理、综合治理、源头治理”。同时，《决定》提出了在一些具体领域进行制度建设的标准。比如，社会主义法治体系包括“完备的法律规范体系、高效的法治实施体系、严密的法治监督体系、有力的法治保障体系”。行政体制建设的标准是“构建职责明确、依法行政的政府治理体系，以推进国家机构职能优化协同高效为着力点”。预算制度的标准是“标准科学、规范透明、约束有力”。央地关系的标准是“权责清晰、运行顺畅、充满活力”。社会治理的标准是“共建共治共享，党委领导、政府负责、民主协商、社会协同、公众参与、法治保障、科技支撑”。当然，在某些领域，制度建设的标准还需要在实践中进一步探索。

官僚制的一个倾向就是，当一个旧的制度出了问题，就再制定一个新的制度来进行应对，导致制度越来越多，形成繁文缛节。因此，制度建设还要讲究简单实用，也就是言简意赅、易知易行。习近平总书记指出，“制度不在多，而在于精，在于务实管用”。他强调：“不管建立和完善什么制度，都要本着于法周延、于事简便的原则，注重实体性规范和保障性规范的结合和配套，确保针对性、操作性、指导性强。”于法周延，就是要减少制度漏洞，力求做到周到、周密、周全。于事简便，就是要易用、好用，不烦琐、不深奥，简便易行。

六、制度建设的构成逻辑

制度建设的构成逻辑是全面发展、层次丰富、上下协调。中国特色社会主义是一个制度体系，应该从系统论的角度来理解它。这个制度体系明确了“五位一体”总体布局和“四个全面”战略布局，包括在经济、政治、文化、社会、生态文明等各个领域的制度建设，包括全面建成小康社会、全面深化改革、全面依法治国、全面从严治党的相关制度。习近平总书记在 2013 年党的十八届三中全会第二次全体会议上的讲话中强调，“不是推进一个领域改革，也不是推进几个领域改革，而是推进所有领域改革，就是从国家治理体系和治理能力的总体角度考虑的”。他在 2014 年省部级主要领导干部学习贯彻十八届三中全会精神全面深化改革专题研讨班上的讲话中指出，“这项工程极为宏大，必须是全面的系统的改革和改进，是各领域改革和改进的联动和集成，在国家治理体系和治理能力现代化上形成总体效应、取得总体效果”。坚持和完善中国特色社会主义制度是一项复杂的系统工程，零敲碎打调整不行，碎片化修补也不行，必须进行全面的系统的改革和改进。

同时，中国特色社会主义制度体系具有丰富的层次性，制度层次性的第一个意思是要求我们做好分层对接，通过根本制度、基本制度、重要制度的衔接和各领域具体制度的配套，使顶层设计精准落地，使制度效能充分发挥。制度层次性的第二个意思就是制度具有嵌入性，低一层的制度嵌入上一层的制度中，国家治理制度嵌入更广泛的作为制度的文化传统与社会结构中，地方层面的制度嵌入国家层面的制度中，等等，要求不同层次制度之间具有适配性。制度层次性的第三个意思是指制度的正式性与强制性程度不同，国家法律、政府规章、管理程序、非正式安排等，各有特点、各有其用，要统筹考虑。制度层次性的第四个意思是指制度涉及国家治理的目标、价值、结构、过程、工具、技术等等，包含各种要素。习近平总书记指出，“要弄清楚整体政策安排与某一具体政策的关系、系统政策链条与某一政策环节的关系、政策顶层设计与政策分层对接的关系、政策统一性与政策差异性的关系、长期性政策与阶段性政策的关系，既不能以局部代替整体、又不能以整体代替局部”。

制度有不同类型，其中一种是用以处理不同制度或者制度要素之间的冲突，是一种元规则。虽然我们说要做好分层对接，但是制度与环境之间的冲突、制度与制度之间的冲突、制度要素之间的冲突，都是必然存在的，需要有规则来进行应对。比如在央地职责同构的大制度背景下，如何进行地方创新，探索综合行政执法和行政审批？当国家法律在某些领域的更新滞后于实践发展的时候，地方如何在坚持法治原则的前提下进行创新？在新旧制度交替的过程中，如何处理复杂的职责要求和责任关系？如何处理不同地方制度创新的多样性与中央统一要求之间的关系？这些问题，最终还是要在制度的轨道上用制度的方法来解决。

七、制度建设的运行逻辑

制度建设的运行逻辑是制度制定和制度执行并重。制度的生命力在于执行。制度怎样才能有效运转？怎样才能实现其治理效能？这取决于两方面的因素，一是制度的质量，二是制度的执行力。其中，制度质量的一个重要标准就是简便易行，也就是可执行度的高低。有些制度是象征性的，只是对一些治理问题的象征性反应，并没有考虑实际执行。有些制度不是象征性的，但是对实际问题把握不准，对制度对象的博弈预见不足，对制度的连锁反应判断不够，其运行也会不畅。同时，制度不可能预见所有的情况，要求我们在制度运行的过程中不断进行调试和完善，这也说明制度制定和制度执行不是绝对的阶段性的过程，而是需要同步考虑。

《决定》特别强调了制度执行能力。制度执行能力的强弱决定制度效果的高低，直接影响制度优势能否转化为治理效能。提升制度执行能力，是推进国家治理体系和治理能力现代化的必然要求。制度执行力要求制度执行的主体要有制度意识和执行能力。在制度意识方面，《决定》提出："各级党委和政府以及各级领导干部要切实强化制度意识，带头维护制度权威，做制度执行的表率，带动全党全社会自觉尊崇制度、严格执行制度、坚决维护制度。"制度意识的重要方面是制度面前人人平等，这是制度有效执行的内在要求。习近平总书记强调，"制度一经形成，就要严格遵守，坚持制度面前人人平等、执行制度没有例外，坚决维护制度的严肃性和权威性"。

在制度执行能力方面，《决定》也提出了具体的要求。一是把提高治理能力作为新时代干部队伍建设的重大任务，把制度执行力和治理能力作为干部选拔任用、考核评价的重要依据。二是要抓住领导干部这个关键少数。习近平总书记要求："越是领导干部，越是主要领导干部，越要自觉维护法规制度的严肃性和权威性。"领导干部要以身作则、以上率下，带头遵守制度，严格执行制度。三是促进各级领导干部增强九个本领：学习本领、政治领导本领、改革创新本领、科学发展本领、依法执政本领、群众工作本领、狠抓落实本领、驾驭风险本领、斗争本领。提高这些本领的路径包括加强思想淬炼、政治历练、实践锻炼和专业训练。

此外，要用制度来保障制度执行力。制度执行力不仅仅是执行主体个人的意识和能力问题，国家治理的制度逻辑意味着要靠制度来保障制度的执行。一是要靠制度来为制度执行提供必要的资源，包括预算、编制、信息、权威等等。二是要靠制定更具体的规则规范来保障宏观制度的细化落实，提高其可执行性。三是要靠监督机制来保障执行水平。《决定》提出："健全权威高效的制度执行机制，加强对制度执行的监督，坚决杜绝做选择、搞变通、打折扣的现象。"同时，《决定》对加强各项制度的执行提出了具体要求，如"严格执行向党中央请示报告制度""强化决策执行、评估、监督""健全强有力的行政执行系统，提高政府执行力和公信力"等。四是要靠运行制约机制来保障制度执行的规范性。比如：在权力公开的制度方面，《决定》强调"坚持权责透明，推动用权公开，完善党务、政务、司法和各领域办事公开制度，建立权力运行可查询、可追溯的反馈机制"。在问责制度方面，《决定》强调"坚持权责统一，盯紧权力运行各个环节，完善发现问题、纠正偏差、精准问责有效机制"。

八、制度建设的行为逻辑

制度建设的行为逻辑是综合考虑强制、规范与文化的力量。制度优势转化为治理效能的前提是制度能够影响治理主体的行为。制度的行为逻辑大体上分为两种：一种是后果的逻辑，行动者遵守制度是基于在资源配置、法律法规等方面的考虑，希望能够避责或者获利，在很多时候，后果逻辑具有一定的强制性；另一种逻辑是身份或者正当性逻辑，即行动者遵守制度是因为这么做是"对"的，是符合行动者身份或者信仰的。以反腐败制度为例，后果逻辑体现为推进不敢腐与不能腐的体制机制，而正当性逻辑则体现为推进不想腐的体制机制。《决定》在各个方面都体现了这两种逻辑的统一。

在后果逻辑方面，主要是强化考核与督察制度。比如《决定》第十四部分“坚持和完善党和国家监督体系，强化对权力运行的制约和监督”，提出“必须健全党统一领导、全面覆盖、权威高效的监督体系，增强监督严肃性、协同性、有效性，形成决策科学、执行坚决、监督有力的权力运行机制”。同时，“推进纪律监督、监察监督、派驻监督、巡视监督统筹衔接，健全人大监督、民主监督、行政监督、司法监督、群众监督、舆论监督制度，发挥审计监督、统计监督职能作用。以党内监督为主导，推动各类监督有机贯通、相互协调”。强化考核与督察也体现在具体的政策领域。比如在生态文明建设领域，《决定》强调要落实中央生态环境保护督察制度，完善生态环境公益诉讼制度，实行生态环境损害责任终身追究制，等等。

在身份逻辑上，强化领导干部的党员意识。通过“不忘初心、牢记使命”主题教育，“确保全党遵守党章，恪守党的性质和宗旨，坚持用共产主义远大理想和中国特色社会主义共同理想凝聚全党”，用习近平新时代中国特色社会主义思想武装全党。同时，推动全党增强“四个意识”，坚定“四个自信”，做到“两个维护”，强调党员要“始终做到为了群众、相信群众、依靠群众、引领群众，深入群众、深入基层”。这些都是强化党员干部的身份逻辑，它有利于在各方面攻坚克难中实现党建引领。只要党员干部都有全心全意为人民服务的身份意识，那么不管具体的政策条文是否清晰，他们都会在行为上负起责任，摒弃官僚主义、形式主义、享乐主义。

正当性逻辑还包括一个国家在核心价值观和道德规范上的建设。比如，《决定》第七部分强调要“坚持和完善繁荣发展社会主义先进文化的制度，巩固全体人民团结奋斗的共同思想基础”，指出“发展社会主义先进文化、广泛凝聚人民精神力量，是国家治理体系和治理能力现代化的深厚支撑”，要求坚持以社会主义核心价值观引领文化建设制度。党的十九大报告也提出，要“牢固树立共产主义远大理想和中国特色社会主义共同理想，培育和践行社会主义核心价值观，不断增强意识形态领域主导权和话语权，推动中华优秀传统文化创造性转化、创新性发展，继承革命文化，发展社会主义先进文化，不忘本来、吸收外来、面向未来，更好构筑中国精神、中国价值、中国力量，为人民提供精神指引”。

正当性逻辑也体现在坚持马克思主义在意识形态领域中的指导地位，坚持正确导向的舆论引导工作机制。《决定》提出，要“全面贯彻落实习近平新时代中国特色社会主义思想，健全用党的创新理论武装全党、教育人民工作体系”。《决定》第十五部分强调，要“加强制度理论研究和宣传教育，引导全党全社会充分认识中国特色社会主义制度的本质特征和优越性，坚定制度自信”。

正当性逻辑也包括一些更具体的规范。比如：在依法治国上，《决定》强调“加大全民普法工作力度，增强全民法治观念”，要求“领导干部要带头尊法学法守法用法”。在经济和社会发展上，强调全面贯彻创新、协调、绿色、开放、共享的新发展理念。实际上，对于《决定》的全面宣传与学习，也是在全党和人民群众中建立以中国特色社会主义为核心的正当性逻辑，建立党对一切工作的领导、坚持以人民为中心、坚持全面深化改革、坚持全面依法治国的行为逻辑。

九、制度建设的改革逻辑

制度建设的改革逻辑是问题导向、上下结合、实事求是。制度不是死的文本，而是鲜活的实践，是制度化的过程，其生命力在于不断发展与完善，从而适应新的环境，解决新的问题，处理新的矛盾。制度更加成熟、更加定型是一个动态过程，不可能一蹴而就，也不可能一劳永逸，必须秉持“改革永远在路上”的态度。《决定》指出，“既要保持中国特色社会主义制度和国家治理体系的稳定性和延续性，又要抓紧制定国家治理体系和治理能力现代化急需的制度、满足人民对美好生活新期待必备的制度，推动中国特色社会主义制度不断自我完善和发展、永葆生机活力”。

制度的改革要问题导向。党的十九届四中全会提出的目标和任务，很多都是我国国家制度建设中的空白点和薄弱点，具有鲜明的问题导向。问题是时代的声音，是发展的必然。有些问题是制度不适应环境变化而导致的，新时代带来了新机遇、新动力、新变化，也带来了新情况、新问题、新矛盾。对于百姓的痛点难点、工作的差距不足、发展的障碍症结，都要坚持具体问题具体分析，主动回应，靶向治疗，持续发力。还有些问题是不同制度或制度要素之间不匹配不协调而导致的，这要求我们强弱项，补短板，做好各项改革的协同配合。2012 年，习近平在主持十八届中央政治局第二次集体学习时的讲话中指出，“改革开放是一场深刻而全面的社会变革，每一项改革都会对其他改革产生重要影响，每一项改革又都需要其他改革协同配合。要更加注重各项改革的相互促进、良性互动，整体推进，重点突破，形成推进改革开放的强大合力”。

制度的改革要上下结合，既要做好顶层设计，又要鼓励基层创新。一方面，改革要加强整体谋划，加强各项改革的关联性、系统性、整体性、协同性、可行性研究，统筹考虑，全面论证，科学决策。习近平指出：“新时代改革开放具有许多新的内涵和特点，其中很重要的一点就是制度建设分量更重，改革更多面对的是深层次体制机制问题，对改革顶层设计的要求更高。”顶层设计要特别注意协同性。2017 年，习近平在中央全面深化改革领导小组第三十六次会议上指出，“改革越深入，越要注意协同，既抓改革方案协同，也抓改革落实协同，更抓改革效果协同，促进各项改革举措在政策取向上相互配合、在实施过程中相互促进、在改革成效上相得益彰”。同时，要鼓励基层大胆探索，及时对基层行之有效的制度创新进行总结和提炼，推动各方面制度完善和发展。2012 年，习近平在主持十八届中央政治局第二次集体学习时指出：“摸着石头过河，是富有中国特色、符合中国国情的改革方法。摸着石头过河就是摸规律，从实践中获得真知。摸着石头过河和加强顶层设计是辩证统一的，推进局部的阶段性改革开放要在加强顶层设计的前提下进行，加强顶层设计要在推进局部的阶段性改革开放的基础上来谋划。”

制度的改革要实事求是。习近平指出：“实事求是，是马克思主义的根本观点，是中国共产党人认识世界、改造世界的根本要求，是我们党的基本思想方法、工作方法、领导方法。”坚持实事求是，“就要深入实际了解事物的本来面貌”，“就要清醒认识和正确把握我国仍处于并将长期处于社会主义初级阶段这个基本国情”，“就要坚持为了人民利益坚持真理、修正错误”，“就要不断推进实践基础上的理论创新”。《决定》第十五部分指出，“必须坚持从国情出发、从实际出发，既把握长期形成的历史传承，又把握党和人民在我国国家制度建设和国家治理方面走过的道路、积累的经验、形成的原则”。实事求是要求我们把中央要求、群众期盼、实际需要、新鲜经验结合起来，努力形成系统完备的制度体系。

第二章

“一体四化”的中国特色行政体制建设

2

“一体四化”的中国特色行政体制建设

刘　鹏

“民之治乱在于吏，国之安危在于政”。行政体制是现代国家治理体系中最重要的组成部分之一，行政体系与行政能力的现代化水平，是衡量国家治理水平高低的重要指标，国家治理体系和治理能力现代化，首先是行政体系与行政能力的现代化。党的十九届四中全会通过的《中共中央关于坚持和完善中国特色社会主义制度　推进国家治理体系和治理能力现代化若干重大问题的决定》（简称《决定》）将“坚持和完善中国特色社会主义行政体制，构建职责明确、依法行政的政府治理体系”作为重要的任务提出来，并从完善国家行政体制、优化政府职责体系、优化政府组织结构以及健全充分发挥中央和地方两个积极性体制机制四个方面，对中国特色社会主义行政体制的内涵和要求进行了全面界定。这是我们党首次从中国特色社会主义制度、从国家治理体系和治理能力现代化的角度，对行政体制改革做系统阐述，反映出中国特色社会主义事业新时代对行政体制建设的新要求。从现代行政科学的角度来分析，结合各国行政体制改革的经验教训，基于国家治理体系和治理能力现代化背景下提出的中国特色行政体制建设，可以用“一体四化”来归纳，即以建设人民满意的服务型政府为中心，以推进行政体系一体化、简约化、效能化和分权化为四维支撑，从而建设高效、法治、透明、廉洁的中国之治体系，全面有效提升中国行政体系和行政能力的现代化水平，为实现国家治理体系和治理能力现代化奠定坚实的行政基础。

一、一体：建设人民满意的服务型政府

党的十九大报告明确提出我国行政体制改革目标就是要建设人民满意的服务型政府，此次党的十九届四中全会报告进一步强调“创新行政方式，提高行政效能，建设人民满意的服务型政府”。由此可见，建设人民满意的服务型政府已经成为中国特色社会主义进入新时代后行政体制改革的中心目标。要深入理解这一中心目标的内涵意蕴，必须从“人民满意”和“服务型政府”两个角度来进行分析。

人民满意，就是指将人民群众的满意度程度作为行政体制建设的最终目标和最高标准，并以此来指导行政体制建设的过程，衡量行政体制建设的效果。作为政治概念的“人民”一词，在中国共产党的革命和执政历史上，具有至关重要的地位和意义。能够将对社会发展起推动作用的大多数中国人的根本利益作为一切工作的出发点，这是中国共产党区别于其他任何政党的最根本特质，也是推动各项工作不断取得成就的根本。人民满意，既不是西方代议制民主体制下的选民满意，从而有利于克服西方代议制民主长期存在的弊端，也不是西方新公共管理运动所倡导的顾客满意，不能仅仅以以支付能力高低为标准的市场中的顾客为参照对象。人民满意，意味着政府的改革不能仅仅为少数社会精英服务，也应当以包含广大中下阶层在内的全体中国人民的满意度为依归。和倡导把公民当作顾客的西方新公共管理运动截然不同的是，人民满意意味着中国的行政改革在推进行政效能的同时，更加注重政府提供行政工作和公共服务的公平性、普惠性和均等性，行政效能应当是建立在公平公正、普惠均等价值之上的效能，而非简单地割裂两者之间的关系。此外，强调人民满意，更多地体现出以人民群众的主观满意度为评价政府工作的标准，而非简单地用冷冰冰的客观数据和标准来进行政绩考核，这也反映出行政体制建设更强的人文关怀和以民为本的特征。

服务型政府，虽然是我们党在 2004 年前后就开始提出的建设目标，但主要还是作为行政体制改革的重要组成部分来论述的，多年来，我们虽然在政务服务、公共服务质量提升方面取得了一定的成就，但距离人民群众对政府的期望仍然有一定的差距。党的十九大提出中国特色社会主义新时代背景下，我国社会主要矛盾已经转化为人民日益增长的美好生活需要和不平衡不充分的发展之间的矛盾，同时将服务型政府的目标从行政体制改革的重要组成部分上升为中心目标。这表明服务型政府在中国特色社会主义新时代背景下具有了新的内涵，即服务型政府建设的主要目标就是要满足人民日益增长的美好生活需求，具体体现为政府应当致力于为人民群众提供更加高效透明的政务服务、更加公平普惠的公共服务、更加高质便捷的生活服务，同时将以前完全以经济发展为导向的行政职能体系逐步转为以生活满意为导向，即从发展行政转向生活行政。在现阶段，我们一些政府部门的服务供给体系还存在明显的不平衡不充分问题，一些领域还存在明显的服务缺失、服务不足、服务低效等现象。例如：老百姓办证办事烦琐低效，教育医疗社保等基本公共服务质量有待提升，环境和食品药品安全问题依然令群众担忧等。这些都是未来新时代背景下服务型政府建设需要努力推进的重点方向。

二、行政组织一体化

现代国家行政组织建立在韦伯科层体制原则的基础上，最突出的特征就是强调科层制的专业化分工体系，其优势是专业分工程度高，但往往也会带来组织间协调难度较大的问题，在行政管理实践中经常会导致推诿扯皮、权责不清、文山会海等弊端，这也是老百姓对于官僚主义综合征的最直接感受。为了让行政组织在保持专业分工优势的同时进一步提升组织协调能力，从 2008 年开始，我们党就提出通过大部制改革来推动不同行政机构间的融合与重组，在加强行政组织间协调能力方面取得了一定的成就。此次《决定》虽然没有明确重申大部制改革的提法，但提出的很多举措则是在推进深度的行政组织一体化。

例如，在行政组织一体化目标上提出“健全部门协调配合机制，防止政出多门、政策效应相互抵消”。相对于此前的文件，这种表述更加明确具体，特别是将行政协调不力的具体现象明确提出来，将改革利剑直指行政协调缺失所带来的政策负面效应。同时，《决定》将跟群众和企业利益最直接相关、反映最为强烈的行政执法体制作为此轮行政组织一体化改革的突破口，明确提出“深化行政执法体制改革，最大限度减少不必要的行政执法事项。进一步整合行政执法队伍，继续探索实行跨领域跨部门综合执法”，这也是对行政执法领域长期存在的多头执法、随意执法、重复执法等问题的一次明确亮剑，与推进“放管服”改革、优化营商环境的改革总体方向也是高度吻合的。

行政综合执法体制改革最早提出于 2002 年，当年中编办发布了《关于清理整顿行政执法队伍实行综合行政执法试点工作意见的通知》，这是中央政府文件第一次提到综合行政执法改革。2014 年，党的十八届三中全会通过的《关于全面推进依法治国若干重大问题的决定》，明确提出要“推进综合执法，大幅减少市县两级政府执法队伍种类，重点在食品药品安全、工商质检、公共卫生、安全生产、文化旅游、资源环境、农林水利、交通运输、城乡建设、海洋渔业等领域内推行综合执法，有条件的领域可以推行跨部门综合执法”。基于此，从 2015 年开始，中编办确定在全国 22 个省（自治区、直辖市）的 138 个试点城市开展行政综合执法体制改革试点。由此可见，此次对行政综合执法体制一体化的再次强调，既继承了多年来我国行政体制改革的传统，也是在新形势下推行“放管服”改革、优化营商环境的必然要求。此外，习近平明确强调，“完成组织架构重建、实现机构职能调整，只是解决了‘面’上的问题，真正要发生‘化学反应’，还有大量工作要做”，这表明跟以往改革更多强调组织机构一体化不同的是，本次改革更加重视执法队伍整合之后在执法文书、信息、理念以及文化的一体化，真正做到“聚是一团火，散作满天星”的有机整合。

另外，《决定》不仅仅着眼于跨部门跨领域等横向层面的一体化改革，还特别关注跨地区等纵向层面行政组织一体化建设，只不过这种跨地区的行政一体化并非像行政综合执法体制改革那样的机构融合，而是更多地通过互联网技术来创新行政管理和服务方式，加快推进全国一体化政务服务平台建设。改革开放以来，我国经济社会的快速发展推动了人口的大规模跨区域流动，而原来建立在地方政府统筹基础上的政务服务供给体系，已经无法有效满足跨区域人口流动所带来的政务服务区域一体化办理的新需求，建设全国一体化政务服务平台确实势在必行。2018 年底，国家政务服务平台主体功能建设基本完成，通过试点示范实现了部分省（区、市）和国务院部门政务服务平台与国家政务服务平台对接，但整体作用发挥仍需进一步优化。此次《决定》公布之后的第二个月，全国一体化政务服务平台整体上线试运行，已联通 31 个省（区、市）及新疆生产建设兵团、40余个国务院部门政务服务平台，接入地方部门300余万项政务服务事项和一大批高频热点公共服务，这表明跨区域的全国一体化政务服务平台建设已具雏形，未来这种依靠信息技术打造一体化平台建设的举措将会成为行政组织一体化战略的重要实现路径。

三、行政流程简约化

与私人部门组织不同，作为公共部门最具代表性的组织——政府机构在行政运行过程中，要受到很多外界因素的限制，包括政治、法律、社会、文化以及其他组织因素等，其行政流程设计上必须遵照法定程序，注重正式文本的有效性，同时强调不同机构的权责对称。这些原则在行政实践过程中就很容易带来行政流程的繁杂，最后导致行政成本的激增和行政效率的低下。在我国的行政管理实践中，政府部门长期依靠复杂的行政审批程序来提高市场准入门槛、减少市场主体、减轻政府监管难度，这种依靠审批和发证来进行事前监管的方式虽然并非一无是处，但其代价则是极大地削弱了市场经济主体的创新能力，限制了市场经济业态发展的活力，从长远来看不利于市场在资源配置中发挥决定性作用，因此，必须对原有行政流程进行简约化改革。

党的十八大以来，我国在政府层面开展了一轮新的，以简政放权、“放管服”为鲜明特征的，以市场为取向的行政权力改革，包括在公司、个人独资企业、合伙企业、各类分支机构和个体工商户中推行“多证合一、一照一码”的全流程网上登记方式，办理流程与全流程无纸化网上商事登记相一致，简化了企业登记注册手续，降低了企业市场准入门槛和成本，提高了服务效率。一些地方政府也纷纷结合自己本区域的特点，先后推出了“最多跑一次”“一次都不跑”“不见面审批”等深受市场主体和人民群众欢迎的改革举措，在一定程度上有助于降低行政成本，提升市场活力，推动市场创新。然而，由于各地和各个部门对于

“放管服”改革存在一些理解上的偏差，导致改革的实际效果也存在差异，一些地方还明显存在改革部门合力不够、配套政策不到位、技术支撑条件不具备、事中事后监管改革亟待创新等问题，而这些问题则需要通过进一步深化改革来解决。

为此，此次《决定》再次强调“深入推进简政放权、放管结合、优化服务，深化行政审批制度改革，改善营商环境，激发各类市场主体活力”，这并非简单的老生常谈。一方面，两次提出“深入”一词，由此反映出党中央对于下一步继续深化简政放权和“放管服”改革的决心与魄力，力求在行政审批流程上简上加简，以此来倒逼政府部门进一步形成改革合力，推进配套政策建设，加大技术支撑条件的建设力度等，这也可以被视为简政放权和“放管服”改革 2.0 版本的开始；另一方面，突出强调简政放权和“放管服”改革的目标是要改善营商环境，激发各类市场主体活力，由此体现出简约化改革的最终目标是在走向高质量发展的阶段，进一步释放出制度红利，降低不必要的制度交易成本和行政成本，在政府对市场资源的调控、政府对市场活动的监督和发挥市场在资源配置中起决定性作用之间找到平衡点，从而让市场主体获得一个更加稳定、公平、透明、可预期的营商环境。

四、行政方式效能化

《决定》在系统总结我国制度优势之后，进一步提出要“把我国制度优势更好转化为国家治理效能”。也就是说，要将静态的制度结构优势转变为动态的治理效能优势，这说明提升治理效能已经成为下一阶段我国国家治理体系和治理能力现代化推进的重要目标。而在坚持和完善中国特色社会主义行政体制部分，《决定》再次强调要“创新行政方式，提高行政效能”。由此可见，提升行政方式的效能化程度，是此次《决定》所提出的重要要求。行政效能，跟西方国家新公共管理运动所提出来的政府绩效，既有联系也有区别。相比之下，效能更加强调组织活动是否达到组织发展的预期目标，更加关注组织行为的效率和能力，具有较强的自上而下的色彩；而绩效考察的内容更加全面多元，更加关注组织和个人的产出，评估的维度也相对多元。因此，提高行政效能，并不能简单等同于西方新公共管理运动中所说的绩效管理。

从公共管理学原理分析，影响行政组织效能的因素很多，包括组织的人力资源、组织架构、团队文化以及技术条件等。《决定》重点从三个方面强调通过创新行政方式来提升行政组织效能。首要的是“严格机构编制管理，统筹利用行政管理资源，节约行政成本”。机构编制管理制度是一项具有中国特色的行政制度，其通过科学、专业、高效的编制体系来有效控制政府规模，推进行政体制改革的科学化，为多年来保障我国行政体制改革的科学性发挥了重要的作用。编制分配本来是国之公器，其分配权应当属于代表政府控制政府总体规模的编制部门，但现实情况是一些职能部门会有意识地将空缺和富余的编制视为自己部门的私有财产，一旦分配给这些部门就很难再重新调整出来，最后导致有的部门缺编现象严重，有的部门却有空编富余的奇怪现象，致使有些部门因工作而引入编外人员。而对于这种“有编不用，编外用人”的奇怪现象，许多地方的编制部门虽然掌握情况，但也因为担心触动相关部门的核心利益，而不愿意主动加以监察督促，长此以往，就会带来政府编制规模过大、行政成本过高等问题，最后影响行政组织效能的提升。基于此，2019 年 8 月，中共中央印发了《中国共产党机构编制工作条例》，强调机构编制资源是重要政治资源、执政资源，而《决定》提出的编制资源的统筹使用，就是要实现政府编制管理的动态优化配置，需要各部门针对编制的存量和增量进行进一步优化，由此，编制资源才能更好地发挥其提升行政组织效能的作用。

提升行政组织效能的第二大举措是“实行扁平化管理，形成高效率组织体系”。从管理学原理来看，扁平化管理主要是通过减少管理层级，适度提升管理幅度来提升行政组织效能，减少信息沟通的不必要损耗，并展开适度的授权管理。作为一个人口和土地面积大国，我国从中央到地方一共分为五级政府，如果把副省级城市以及带有较强行政色彩的村也算进去，实际上的政府层级会达到六级半，与世界其他国家相比也是较多的。过多的政府层级设置在一定程度上导致了地方政府规模较大，政策执行成本高、落实不到位，以及信息沟通不畅等弊端。为此，近年来，我国开始试点推行省直管县、撤镇设市，甚至市直管镇等改革，其目的就是在保持现有行政体制基本不变的情况下，通过降低管理层级来推行扁平化管理，从而保障行政效能的实现。可以展望，未来这方面的改革将会继续全面和深入推进。

第三大举措在于，《决定》还十分强调借助信息技术手段来提升行政组织效能，明确“推进数字政府建设，加强数据有序共享”。信息技术革命对各国政府的行政组织效能提升提供了巨大的机遇。数字政府以信息技术为支撑，对政府的内部管理以及对外服务进行全面重塑与优化，从而使政府能够以数据为决策、执行、服务、监测和评估的基础和依据，最终有效提升政府的行政组织效能。长期以来，我国在数字政府建设方面取得了一定的成就，但也存在部门信息数据难以共享而导致信息孤岛的问题，进而使数字技术在行政服务中的应用只停留在表面，难以真正成为提升行政效能的利器。《决定》把数字政府建设和加强数据有序共享作为重点提出来，可以预期，未来同级政府不同机构以及不同层级政府间的数据共享和数字化建设将会进一步增强，数字政府将成为提升政府行政组织效能的新途径。

五、行政关系分权化

我国是一个由中国共产党领导的单一制国家，如何充分调动中央、地方两个积极性是央地关系始终面临的问题，也是国家行政关系调整的重大课题。《决定》在第五部分“坚持和完善中国特色社会主义行政体制，构建职责明确、依法行政的政府治理体系”中，专门就如何发挥两个积极性的体制机制问题深入论述，由此可见，对未来中央地方关系改革的重视程度，也可以被视为理解我国下一阶段中央地方关系改革方向的重要依据。

通过仔细阅读和理解，我们会发现，《决定》在发挥中央和地方两个积极性的体制机制方面，除了再次从原则上重申继续维持中央的统一集中权威之外，把更多的宝贵篇幅放在了如何规范中央地方的事权财权责任的划分上。该部分的核心观点可以简要归纳为以上收部分事权，下放部分财权，明确权责对应为核心内容的新一轮行政分权改革，其背景在于已经实施了20多年的分税制改革。改革大大提高了中央政府的财政汲取能力，有效缩小了地方省区的贫富差距，打击了地方保护主义，然而新的问题又开始出现：部分欠发达地区省份财政收入增长困难，基层政府债务突显，地方对中央的财政转移支付依赖程度较大，甚至为腐败提供了空间。2000年以后，中央政府部门越来越多地进行垂直化管理，这虽有利于上下政令统一，但也限制了各级政府自主权，同时在同一层级的不同部门之间形成了边界，增加了跨部门合作与协同治理的难度。由于中国地方发展的差异依然很大，面临的形势也非常复杂，因此需要进一步加强对地方政府的分权，以便让地方政府施政具有更强的针对性。为此，党的十九大报告明确提出要“赋予省级及以下政府更多自主权”，这意味中央政府希望通过在加强统一领导的框架内，赋予省级及以下政府更多行政自主权，重新激活地方政府积极性。

那么，如何更好发挥地方政府的积极性呢？《决定》旗帜鲜明地提出要“赋予地方更多自主权，支持地方创造性开展工作”，具体的措施在于，首先是上收部分事权，即“适当加强中央在知识产权保护、养老保险、跨区域生态环境保护等方面事权，减少并规范中央和地方共同事权”，通过增强中央政府在部分区域溢出性较强的公共服务的支出责任，有效减轻地方政府在公共服务方面的支出压力，从而让地方政府能够腾出更多的资源和精力来做一些因地制宜的创造性工作。其次是下放部分财权，即将部分税种收入以及留成比例更多地向地方政府倾斜，“建立权责清晰、财力协调、区域均衡的中央和地方财政关系”，从而让地方政府有更多的财政资源开展创造性工作。最后是在事权与财权调整的基础上，进一步强调权力与责任的对等，通过对一些比较模糊的央地共同事权的减少和明确，并“规范垂直管理体制和地方分级管理体制”，将垂直管理体制和分级管理体制下的责任进一步明确，避免地方政府特别是基层政府成为过度问责的对象，从而“构建从中央到地方权责清晰、运行顺畅、充满活力的工作体系”，为实现行政体系与行政能力现代化奠定坚实的央地关系基础。

第三章

职责明确、依法行政和人民满意的政府治理体系

3 职责明确、依法行政和人民满意的政府治理体系

李文钊

2019年10月28日至31日，中国共产党第十九届中央委员会第四次全体会议召开，会议审议通过了《中共中央关于坚持和完善中国特色社会主义制度　推进国家治理体系和治理能力现代化若干重大问题的决定》（简称《决定》）。《决定》是对党的十八届三中全会有关全面深化改革的总目标的进一步明确化和具体化，更是对我们党在革命、建设和改革各个时期进行实践探索经验的系统总结，直接反映和体现了党的十八大以来我们党领导人民统筹推进“五位一体”总体布局、协调推进“四个全面”战略布局所取得的治理成效。

一个国家和民族要长治久安，必须形成系统完备、科学规范、运行有效的制度体系。这套制度体系应该成为规范和约束各类行为的准则，内化为民众自觉遵守的习惯和规范，上升为能够自觉传承的文化，并且能够针对环境进行适应性调整。著名哲学家塞尔（Searle）曾经给制度下了一个十分简洁的定义：“一个制度是任何被集体接受的规则系统（程序、实践），这套规则系统能够创造制度事实。”这意味着制度不仅是一套规则体系，更是一个创造事实的机制。

党的十九届四中全会开宗明义地提出：“中国特色社会主义制度是党和人民在长期实践中形成的科学制度体系，我国国家治理一切工作和活动都依照中国特色社会主义制度展开，我国国家治理体系和治理能力是中国特色社会主义制度及其执行能力的集中体现。”这套制度体系已经成为中国特色社会主义的施工蓝图，需要一代又一代中国人在坚持和完善它的过程中实现个人价值、民族复兴和国家富强。

中国特色社会主义行政体制是中国特色社会主义制度体系的重要组成部分，它肩负着承担按照党和国家决策部署推动经济社会发展、管理社会事务、服务人民群众的重大职责和使命。科学的行政体制离不开成型和完善的行政制度体系，通过制度来规范行政活动，激发各方力量来提升行政效率，建设人民满意的服务型政府。《决定》第五部分专门讨论了中国特色社会主义行政体制，提出“坚持和完善中国特色社会主义行政体制，构建职责明确、依法行政的政府治理体系”，并提出了完善国家行政体制、优化政府职责体系、优化政府组织结构、健全充分发挥中央与地方两个积极性体制机制等四个方面内容。简而言之，在进行这一探索中，我们正在建构职责明确、依法行政和人民满意的政府治理体系。

一、职责明确是政府治理的前提

职责明确是中国政府改革的重要经验，也是推进国家治理体系和治理能力现代化的重要举措。职责有很多类似的词汇，如政府职能、功能、角色和作用等，它是对政府应该做什么和不应该做什么的规定。不同国家、不同时代、不同理论对于政府职责会有不同的看法，形成了不同的职能体系，对经济、政治、社会产生了不同影响。由于环境、技术等不断变化，政府职责需要不断调整以适应社会发展需求。1981年以来，国务院部门已经先后进行了8次改革，党的部门进行了5次改革，这些改革最初围绕机构调整展开，后来主要是着眼于职能调整，这成为政府改革的主线。其中，最重要的一次改革就是党的十九届三中全会推动的党和国家机构改革，这次改革的最大特点是系统全面推动党的部门、全国人大、国务院、全国政协、公检法、军队、地方政府部门、事业单位等不同部门、不同层级、不同领域之间的职责清晰化，形成机构体系的合力。因此，将职能改革与机构改革、体制改革有机结合，根据职能重构来推进行政改革，成为中国政府改革的重要经验。

在职责明确方面的重要制度举措就是有中国特色的“三定”制度，通过定机构、定职能、定编制来厘清机构之间、部门之间和中央与地方之间权责关系。当前，所有的政府部门都由“三定”制度来界定其职责。例如，2019年3月发布的《财政部职能配置、内设机构和人员编制规定》，就提出“财政部贯彻落实党中央关于财经工作的方针政策和决策部署，在履行职责过程中坚持和加强党对财政工作的集中统一领导”，并将主要职责界定为拟订财税发展战略、规划、政策和改革方案并组织实施等 17 项。除界定某一个机构的职能之外，当前中国的一个重要改革，就是对中央与地方之间的财权和事权之间的职责关系进行调整，通过制度来调整中央与地方之间的关系。

在职责明确方面，首先需要明确政府的基本职责，其核心是厘清政府和市场、政府和社会之间的关系。《决定》将政府的职责体系概括为："完善政府经济调节、市场监管、社会管理、公共服务、生态环境保护等职能，实行政府权责清单制度，厘清政府和市场、政府和社会关系。"对于中国政府的职责，中国也进行了一个不断探索和不断完善的过程，最初，中国只重视经济发展，随后关注市场监管，随着民生短板的突出，社会管理和公共服务的职能被提上日程。而随着人与自然环境之间关系成为突出问题，环境保护和可持续发展成为经济社会发展面临的关键问题。因此，当前各级政府的职责是经济调节、市场监管、社会管理、公共服务和生态环境保护等五项，而所有政府机构都围绕这五项展开，都需要根据这五项职能来进行调整。

对于这五项职能中的重点内容，《决定》提出了具体的改革重点。在经济调节方面，《决定》指出，"健全以国家发展规划为战略导向，以财政政策和货币政策为主要手段，就业、产业、投资、消费、区域等政策协同发力的宏观调控制度体系。完善国家重大发展战略和中长期经济社会发展规划制度。完善标准科学、规范透明、约束有力的预算制度。建设现代中央银行制度，完善基础货币投放机制，健全基准利率和市场化利率体系"。这说明，国家发展规划、财政和货币政策、产业政策等都成为主要手段。在市场监管方面，《决定》提出，"严格市场监管、质量监管、安全监管，加强违法惩戒"，将监管的重点放在市场、质量和安全等方面。在公共服务方面，《决定》提出"完善公共服务体系，推进基本公共服务均等化、可及性"，这为公共服务改革指明了方向。此外，《决定》还非常重视应用技术来推进政府改革，提出"建立健全运用互联网、大数据、人工智能等技术手段进行行政管理的制度规则。推进数字政府建设，加强数据有序共享，依法保护个人信息"。

除了界定基本职责之外，政府还需要找到与经济社会相匹配的职能模式。在职责改革方面，李克强总理推行的“放管服”改革，本质上也是政府部门的职责重构。《决定》提出“深入推进简政放权、放管结合、优化服务，深化行政审批制度改革，改善营商环境，激发各类市场主体活力”，这意味着政府职能改革和转变的重点主要是通过下放行政审批权力、加强政府监管和提高政务服务水平，来正确处理政府与市场之间关系、政府与社会之间关系，优化营商环境，提升人民群众的安全感、获得感和幸福感。因此，政府在经济调节、市场监管、社会管理、公共服务、生态环境保护等方面，都需要结合“放管服”改革来对其职能进行重新定位。例如，政府在经济调节方面的职能，哪些行政审批权需要下放，哪些需要加强监管，哪些需要做好服务，“放管服”改革成为政府职能精细化的具体举措。

在推进政府职责明确和政府职能转变的过程中，中国创造性地形成了“权力清单”制度、责任清单制度、负面清单制度、双随机一公开制度、信用监管制度、政务公开制度、“互联网＋政务服务”制度等一系列制度安排。这也体现了党的十九届四中全会的精神，强调通过制度改革来为职能界定提供基础和保障。政府职责重构和明晰取得了一系列成效，中国在世界银行发布的营商环境排名不断提升。

二、行政体制和行政组织是政府治理的主体

在“三定”制度中，定职能、定机构和定编制三者紧密联系，职能需要体制和机构来支撑，这是职能的组织保障。这使得在政府治理中，我们需要关注治理主体，讨论职能由哪一个部门来实施，探索政府组织结构和关系模式在职能履行中的角色。事实上，对于治理主体而言，当前面临的一个主要挑战是公共事务和职能越来越复杂、多样和动态，而组织结构是固定的，如何让固定的组织结构来适应动态职

能变化的挑战，成为政府治理的难题。以环境保护为例，它涉及不同政府部门，多个政府部门需要协调各自职能共同应对环境挑战。对于政府治理的主体及其改革，《决定》提出了三个方面的内容，即完善国家行政体制、优化政府组织结构、健全充分发挥中央和地方两个积极性体制机制，这三个方面的内容都是明确职责的实施主体以及主体之间关系。

完善国家行政体制，其核心是解决政府内部的职能分工问题，让不同部门各司其职，通过分工、协调、专业化和整合形成合力。在行政体制的具体构成中，《决定》指出："以推进国家机构职能优化协同高效为着力点，优化行政决策、行政执行、行政组织、行政监督体制。健全部门协调配合机制，防止政出多门、政策效应相互抵消。"由此可见，行政体制是行政职能与行政主体相结合的制度化模式，它重点讨论什么样的职能应该由哪些部门来承担，不同行政主体应该如何实现有效协同和配合，什么样的行政体制最有利于行政职责的完成和实施。不同的分工和合作模式，会形成不同的行政体制。例如，当政府职能很简单时，行政体制就不需要各个部门之间配合，而当政府职能越来越复杂时，就需要处理部门之间关系，此时，就需要新的行政体制来应对问题。

中国行政体制主要由行政决策、行政执行、行政组织、行政监督、行政协作等五个部分构成。行政决策体制是对决策职能的行使，它是对战略重点、政策方向、资源配置等问题的选择。以一个城市的行政决策为例，城市的发展战略就成为重要的行政决策问题。行政执行体制则是对决策的实施，它强调将决策和战略转化为行动，没有执行任何决策就没有意义。因此，古人很早就认识到徒法不足以自行，需要通过执行来保证法律的实施。行政执行集中表现为行政执法问题，这也是党的十九届四中全会改革的重点。《决定》指出："深化行政执法体制改革，最大限度减少不必要的行政执法事项。进一步整合行政执法队伍，继续探索实行跨领域跨部门综合执法，推动执法重心下移，提高行政执法能力水平。落实行政执法责任制和责任追究制度。创新行政管理和服务方式，加快推进全国一体化政务服务平台建设，健全强有力的行政执行系统，提高政府执行力和公信力。”行政组织体制是行政体制的另外一个重要内容，它涉及由哪些部门来承担具体职责，并且按照什么样模式来运行。行政监督体制主要启动监督和反馈作用，它既是对行政执行的监测，也是行政决策发挥作用的有效保障。行政协作体制在现代社会的重要性越来越突出，它要求不同政府部门之间合作行动，以共同应对复杂社会的挑战。

对于组织结构的改革，成为《决定》关注的重要内容，它也是行政体制的一部分。由于组织是行政体制的载体，这使得它在行政体制中具有尤其重要的位置。任何行政决策、行政执行、行政监督都需要依靠组织载体来完成，而组织自身也需要运转。这使得行政组织需要处理两个核心问题：一是自身的有效运行，二是实现决策、执行和监督等功能。针对如何对组织结构进行改革，《决定》指出：“推进机构、职能、权限、程序、责任法定化，使政府机构设置更加科学、职能更加优化、权责更加协同。严格机构编制管理，统筹利用行政管理资源，节约行政成本。优化行政区划设置，提高中心城市和城市群综合承载和资源优化配置能力，实行扁平化管理，形成高效率组织体系。”由此可见，机构、职能、权限、程序和责任法定化是组织结构改革的重点，也是对“三定”制度的扩展。当前的“权力清单”“责任清单”主要是针对组织结构的规范性而言的，更是组织结构需要改革的方向。此外，组织结构需要与城市相结合，讨论城市的组织结构问题，这主要是由于城市化成为当前中国的一个主要现实。

中央与地方关系，既是行政体制的重要内容，又是组织结构改革的另一个重要话题，它涉及处理不同层级政府部门之间的关系。为此，《决定》针对健全充分发挥中央和地方两个积极性的体制机制进行了专门论述，它指出：“理顺中央和地方权责关系，加强中央宏观事务管理，维护国家法制统一、政令统一、市场统一。适当加强中央在知识产权保护、养老保险、跨区域生态环境保护等方面事权，减少并规范中央和地方共同事权。赋予地方更多自主权，支持地方创造性开展工作。按照权责一致原则，规范垂直管理体制和地方分级管理体制。优化政府间事权和财权划分，建立权责清晰、财力协调、区域均衡的中央和地方财政关系，形成稳定的各级政府事权、支出责任和财力相适应的制度。构建从中央到地方权责清晰、运行顺畅、充满活力的工作体系。”从这一论述看，《决定》对中央与地方的事权、财权和责任进行了划分，其核心是让中央与地方各司其职，共同实现政府治理。

三、依法行政是政府治理的内在要求

上面讨论的职责明确、行政体制、组织结构和中央与地方关系都涉及对政府自身系统的讨论，政府治理还涉及政府与社会之间互动，在政府与社会互动中实现政府职责。简而言之，政府需要与社会互动来实现自身职能，政府与社会互动既是政府职能的实现，又是政府实现其使命的舞台。政府与社会互动会有很多方式，如政府购买服务、政府与公民合作生产、政府与社会组织合作治理等，这些互动最终落实为政府行为。政府行为成为政府与社会互动的方式，规范政府行为成为政府职能实现的内在要求。政府行为是广泛而多样的，不同政府职能会有不同政府行为要求，而政府行为最重要的要求是依法行政，即政府行为需要在法律的准绳之下行事。

职责法定和依法行政构成了当前政府治理改革的两项重要内容，两者相互加强，成为一个统一体。职责法定是依法行政的前提，依法行政最终的目的是实现政府职责，没有职责法定，就不可能依法行政。依法行政包含两个层面的内容：一是政府自身运行要按照法治逻辑，这也是“推进机构、职能、权限、程序、责任法定化”的核心内容；二是政府行为方式要按照法治逻辑，即政府与社会互动方式法治化，政府职能实现方式法定化。这两个方面的法治化也是一个有机统一体，政府自身法治化是政府行为法治化的保障，政府行为法治化会推动政府职能法治化。当前中国正在推行依宪治国、依法治国和依法行政，依法行政是法治国家的重要组成部分之一，通过法治政府建设来推进法治国家建设进程。

依法行政是中国政府进行职责行使的主要方式，也是廉洁行政的重要保障。政府的经济调节、市场监管、社会管理、公共服务和生态环境保护等职能，都需要依法实施，根据法律行使这些职能，使得所有职能都有法可依、执法必严、违法必究。法律是政府获得职能的依据，所有职能都需要建立在法律、规范和规章基础之上。因此，政府在进行依法行政时，需要“推进机构、职能、权限、程序、责任法定化”，让法治成为政府运行的“护身符”。当所有政府行为都依法进行时，民众也可以很好地监督政府行为，使得政府更好地为民众服务。依法行政也会树立公务员和公民的守法意识，公务员在行使其职权时会考虑法律依据，公民在与政府打交道时，也会根据法律的精神和准则来行动，而公民和公务员的互动会进一步推进政府法治化进程。

法治是最好的营商环境，阳光是最好的防腐剂。依法行政是中国特色社会主义法治体系和法治国家的重要组成部分之一，依法治国、依法执政和依法行政是有机统一体。依法行政意味着中国政府需要在法律边界之下行使权力，按照法律规定的权力运行的范围、标准、程序和依据来行使权力。“权力清单”制度代表了中国政府进行依法行政的最新探索，它要求政府的所有权力都以清单的方式呈现，没有在清单中的权力则不能够行使，而政务公开则是依法行政的重要保障性制度安排，它要求对政府所有行为进行公开，通过公开让民众监督，促进政府依法行政。改善当前的营商环境，一个非常重要的方法是促进政府行为法治化，让政府的职能、监管和服务在法治的轨道之下进行，这样会使得企业有更好的预期。

与此同时，中国政府行使职能的各个领域的法律制度不断完善，法律赋予职责成为很多政府部门行政的合法性依据。2019 年 1 月，国务院办公厅印发《关于全面推行行政执法公示制度执法全过程记录制度重大执法决定法制审核制度的指导意见》，行政执法的公示制度、记录制度和审核制度等“三项制度”成为政府下决心推行依法行政的重要制度保障。与此同时，各种失信惩戒制度、行政复议制度、行政诉讼制度等相继完善，使依法行政的制度体系更加健全，有法必依、执法必严、违法必究成为一种自觉和常态，法治思维和法律观念成为公务员思考和解决问题的必要组成部分。

四、人民满意是政府治理的目标

人民满意是我们一切工作的出发点和落脚点，建设人民满意的服务型政府成为中国特色社会主义行政体制的核心目标。群众路线是我们党的重要工作方法，它强调一切为了群众、一切依靠群众和从群众中来到群众中去。浙江省的枫桥经验就是依靠人民群众来解决自身矛盾的重要机制，它强调矛盾不上交，就地解决。人民满意的服务型政府是群众路线的应有之义，它要求为人民服务、对人民负责和受人民监督。尽管对于政府工作的评价还有很多其他标准，如科学、规范、系统、完备、高效等，但是人民满意是对政府工作评估的首要标准。人民是否满意、人民是否有获得感、人民是否有安全感，应该成为政府各项工作最终的检验准则。

人民满意不是抽象的，而是具体的，直接体现为民生工作。党的十九大报告提出："幼有所育、学有所教、劳有所得、病有所医、老有所养、住有所居、弱有所扶"，这些既是为人民服务的具体内容，也是人民获得感、满意感和幸福感的直接影响因素。民生工作做不好，人民就不可能对政府工作满意。正是因为这一原因，使得公共服务成为当前政府职能的重要内容，公共服务都与民生工作联系在一起。公共服务成为政府工作的重点，这也是政府从经济发展型向公共服务型转变的重要举措。

为了让民生工作和公共服务法治化、规范化、标准化、精细化，中国进行了一系列的制度探索。在这些努力中，最重要的是国务院通过制定公共服务"十三五"规划，提出公共服务均等化、标准化等制度安排，来为民生工作建立制度保障体系。公共服务法治化、规范化、标准化、精细化等成为中国政府民生工作的重要改革目标，通过建立科学合理的公共服务标准，来提升公共服务的质量和水平，让人民群体真正有获得感。目前，各个地方大力推行公共服务清单制度，政府为民众提供的服务以清单方式呈现，民众也更好地明确了获取公共服务的途径与方式。

人民满意不仅是被动接受服务，而且是主动参与到行政事务之中，人民成为治理的重要主体，这既是人民满意的实现方式，也是政府治理的要义。建立以人民为中心的政府治理体系，突出人民在治理的各个领域、环节和阶段的参与地位，强调政府与人民的共同治理，应该是未来政府治理改革的方向。当前，政府通过征求意见制度、公示制度、互动制度、合作生产制度、合作治理制度等一系列制度安排，将公民融入政府治理的各种场景之中，使得人民在参与政府治理中提升满意度。以首都为例，通过激活 12345 市民服务热线，来探索人民参与超大城市治理的制度举措，2019 年以来，共办理 205 万件群众的烦心事，实现群众诉求响应率 100%，诉求的解决率由 1 月的 53.09%提升至 10 月的 74.36%，诉求的满意率由 64.61%提升至 85.39%，出现了满意率超过解决率的现象。

人民满意还需要把评估权还给人民，让人民成为政府各项工作的最终评价者。各级政府为了突出人民满意和以人民为中心，通常会在政府绩效评估中引入民众满意度的主观评价，以了解人民对政府工作的直接感受。有些地方为了使满意度调查更加科学，甚至通过抽样调查、电话调查等科学方法以获得民众对政府工作的真实评价，并通过这些评价来改进政府工作。这样，人民对政府工作的评价既是对政府施政效果的评判，也推动政府进一步改进工作的方式和方法。

职责法定、依法行政和人民满意是一个有机统一体，它也是建构科学、规范和高效政府治理体系的重要构成要件。职责明确主要是规定政府做什么、不做什么，不同层级政府和部门做什么，属于职能界定和职责转变的范畴。依法行政是政府行使权力时依据的准绳，是将权力关进制度的笼子里的重要保障。人民满意是所有政府工作好与坏的最终衡量标准，也是我们党和国家一切工作的出发点，它是政府治理的最终价值诉求。我们相信，通过建立中国特色社会主义行政体制，完善行政制度体系，政府治理的科学化、民主化和法治化水平也会越来越高，最终建成人民满意的服务型政府。

The Code of China's New Governance: Toward the Modernization of System and Capacity

第四章

国家经济治理体系和治理能力现代化若干问题

4 国家经济治理体系和治理能力现代化若干问题

许光建

党的十九届四中全会通过的《中共中央关于坚持和完善中国特色社会主义制度　推进国家治理体系和治理能力现代化若干重大问题的决定》（简称《决定》），对如何坚持和完善经济治理体系和治理能力现代化做出了全面系统的部署，在理论上有重大创新。本文从国家经济治理视角，解读与之相关的若干主要问题。

一、国家经济治理体系和治理能力现代化的系统论述

《决定》对经济治理体系和治理能力现代化的阐述，主要集中体现在第六部分“坚持和完善社会主义基本经济制度，推动经济高质量发展”。同时，《决定》还在其他部分对和经济发展与经济管理相关的体制机制进行了深刻阐述，主要包括：在第五部分“坚持和完善中国特色社会主义行政体制，构建职责明确、依法行政的政府治理体系”之“优化政府职责体系”中提出了厘清政府和市场、政府和社会关系，改善营商环境，激发各类市场主体活力，健全宏观调控制度体系、完善预算制度、建设中央银行制度等完善政府经济调节、市场监管制度等重要任务；在第八部分“坚持和完善统筹城乡的民生保障制度，满足人民日益增长的美好生活需要”中对健全就业促进机制、实施就业优先政策等提出了重要而具体的任务；在第十部分“坚持和完善生态文明制度体系，促进人与自然和谐共生”之“实行最严格的生态环境保护制度”中提出了“完善主体功能区制度、完善绿色生产和消费的法律制度和政策导向，发展绿色金融”；在第十二部分“坚持和完善‘一国两制’制度体系，推进祖国和平统一”中提出了完善香港、澳门融入国家发展大局，同内地优势互补，协同发展机制，支持香港、澳门发展经济，改善民生，完善促进两岸交流合作，深化两岸融合发展等重要的经济方面的任务；在第十三部分“坚持和完善独立自主的和平外交政策，推动构建人类命运共同体”中，提出了维护完善多边贸易机制，推动建设开放型世

界经济以及推动全球经济治理变革等重要任务。除了这些内容，在其他部分也有若干关于经济治理的重要论述。

从这些论述中，我们可以更加全面地认识和掌握在经济领域推进国家治理体系和治理能力现代化的主要内容。第一，坚持和完善社会主义基本经济制度。在这个方面，《决定》提出了具有创新性的新概念、新理论，提出了公有制为主体、多种所有制经济共同发展，按劳分配为主体、多种分配方式并存，社会主义市场经济体制等三大制度相结合的基本经济制度，这是经济领域最基础的制度，必须坚持好、完善好这一基本制度。第二，政府对市场和宏观经济的调控与管理制度，特别是对宏观经济调控的制度，明确了国家发展规划、财政政策、货币政策三大工具相结合的宏观经济调控制度，还明确提出了现代财政制度、现代银行制度等重要任务。第三，对外开放和国际经济治理制度。第四，民生保障制度，特别是就业促进制度、社会保障制度和社会福利制度等。可见，《决定》对国家经济治理体系和治理能力现代化的论述既包含了基本制度，也包含了若干重要制度，非常全面、非常系统。

二、夯实国家经济治理体系基础

《决定》的一大重要理论创新就是对社会主义基本经济制度的内涵的扩展，将“按劳分配为主体、多种分配方式并存”的社会主义分配制度与“社会主义市场经济体制”共同上升为我国社会主义基本经济制度的重要内容，同“坚持公有制为主体、多种所有制经济共同发展”一起构成了社会主义基本经济制度，这是习近平新时代中国特色社会主义经济思想的重要创新和发展，也是社会主义政治经济学理论的重大创新。《决定》的这一创新性表述具有坚实的理论基础。在任何社会，经济制度主要体现在三个方面：一是所有制结构，其决定了经济决策的主体，亦决定了收入分配的方式；二是收入分配制度，这一制度决定了社会生产成果归谁占有和支配；三是资源配置方式，就是通过什么机制来分配资源或生产要素。改革开放以来的很长时期，我们把资源配置方式称为体制，为的是和所有制决定的基本经济制度相区别。随着我们对政府和市场关系的认识不断深入，社会主义市场经济理论逐步成熟，资源配置方式已经成为社会主义经济制度的不可分割的有机组成部分。所有制结构、收入分配方式和资源配置方式之间密不可分。以公有制为主体、多种所有制经济共同发展的这种所有制结构决定了我国收入分配方式的多样化。因此，《决定》明确提出了“坚持公有制为主体、多种所有制经济共同发展和按劳分配为主体、多种分配方式并存，把社会主义制度和市场经济有机结合起来，不断解放和发展社会生产力的显著优势”，这也是我国在新时代进一步提高国家经济治理体系和治理能力现代化的经验基础。

（一）坚持公有制为主体、多种所有制经济共同发展的所有制结构

公有制经济，包括国有经济、城镇集体经济和农业集体组织，在新中国成立 70 多年的发展中做出了突出贡献，尤其是在关系到国家安全、国民经济命脉的行业中发挥了巨大的不可替代的优越性。随着国有企业改革的不断推进和深化，毫不动摇地巩固和发展公有制经济已经进入改革的攻坚期，需要进一步通过改革提高国有企业效益和活力。特别是在战略性新兴产业等重要行业和关键领域的发展中，要毫不动摇地发挥国有经济的重大作用。

非公有制经济在改革开放以来经历了一个从小到大逐步发展和丰富、对国民经济和社会发展作用不断增强的过程。习近平总书记在 2018 年 11 月 1 日召开的民营企业座谈会上的讲话中明确强调：“民营经济是我国经济制度的内在要素，民营企业和民营企业家是我们自己人。民营经济是社会主义市场经济发展的重要成果，是推动社会主义市场经济发展的重要力量，是推进供给侧结构性改革、推动高质量发展、建设现代化经济体系的重要主体，也是我们党长期执政、团结带领全国人民实现‘两个一百年’奋斗目标和中华民族伟大复兴中国梦的重要力量。”这一讲话充分肯定了非公有经济的重要地位和作用，对于正确认识社会主义

基本经济制度具有十分重要的意义。

坚持农村基本经营制度，是我们党的三农政策的基石，也是乡村振兴的制度基础。这一制度的核心内容有三个方面：一是坚持农村土地农民集体所有，这是坚持农村基本经营制度的基础；二是坚持家庭经营基础性地位，就是说，农民家庭是集体土地承包经营的法定主体，这是农民土地承包经营权的根本，也是农村基本经营制度的基础；三是坚持稳定土地承包关系，这是维护农民土地承包经营权的关键。从当前来看，主要任务有两个方面：一是深化农村产权制度改革，二是发展农村集体经济。

党的十八大以来，习近平总书记一直很重视农村产权制度改革，他在 2013 年召开的中央农村工作会议上指出，“要不断探索农村土地集体所有制的有效实现形式，落实集体所有权、稳定农户承包权、放活土地经营权”。在 2014 年 9 月 29 日召开的中央全面深化改革领导小组第五次会议上，他指出，“要在坚持农村土地集体所有的前提下，促使承包权和经营权分离，形成所有权、承包权、经营权三权分置、经营权流转的格局”，为农村产权制度改革进一步指明了方向。

2016 年 12 月 26 日发布的《中共中央　国务院关于稳步推进农村集体产权制度改革的意见》，对稳步推进农村集体产权制度改革做出了全面部署，明确了改革目标，这就是“逐步构建归属清晰、权能完整、流转顺畅、保护严格的中国特色社会主义农村集体产权制度，保护和发展农民作为农村集体经济组织成员的合法权益”。在明晰产权的基础上，因地制宜地发展新型农村集体经济，特别是鼓励农村探索发展壮大村级集体经济，推动实施国家乡村振兴战略规划，努力让广大农民有更多获得感、幸福感、安全感。

（二）完善新时代社会主义收入分配制度

《决定》在收入分配制度上构建了初次分配和再分配的新格局。首先论述了初次分配在我国收入分配体系中的重要作用。初次分配主要通过市场机制进行，即城镇居民和农民工的工资薪金受劳动力市场供求关系和企业经济效益所影响，而农民的农业经营收入则受农产品销售价格及农产品市场需求影响。但是，政府仍可以通过制定最低工资制度等，来保护低收入群体基本生活需要并抑制过高收入。目前我国初次收入分配体系具有以下特点：(1) 政府通过行政手段、经济手段等保证居民享有参与初次分配的能力和机会，促进机会公平；(2) 各种生产要素贡献收入基本通过市场机制实现；(3) 通过最低工资政策和粮食价格保护政策，保障劳动者达到比较合理的收入水平；(4) 逐步完善技术、资本等要素参与初次分配的保障及监管制度；(5) 政府在初次分配中采用的经济手段具有多样性，包括价格政策、财政政策（补贴）、货币政策等。但由于初次分配中的机会不平等、要素不平等原因导致初次分配差距过大，也必须完善各种生产要素在初次分配中获得合理报酬的机制，特别是应当提高劳动报酬在国民收入中的比重。

《决定》在生产要素内容中明确提出了“土地、知识、数据”等生产要素参与分配的原则，这一原则的提出与我国土地制度改革等新政策相协调，更符合我国目前劳动力市场的实际情况。首先，在土地要素层面，2019 年 8 月 26 日，对《土地管理法》进行了修订，加快了农村宅基地制度改革、农村集体土地直接入市等土地改革政策的步伐，这有利于提高农民财产性收入，因此将“土地”纳入我国分配要素与土地改革的步伐相适应，并从收入分配制度层面进一步推动改革进程。其次，实现经济高质量发展必须通过技术创新带来全要素生产率的提高。随着信息技术的不断发展，“知识、数据”作为生产要素作用愈来愈重要，因此明确了“知识、数据”等生产要素有利于促进大数据行业、“互联网+”行业、人工智能行业等高科技行业的发展，促进技术水平不断创新，从而实现经济高质量增长。最后，随着我国 2020 年决胜全面建成小康社会的到来、消灭绝对贫困工作的完成、中等收入群体的不断扩大，国民收入分配结构正逐步向“橄榄型”结构转变。而中等收入群体则主要依靠知识、技术等生产要素，因此明确“健全知识、数据生产要素由市场评价贡献、按贡献决定报酬机制”也有利于进一步扩大中等收入群体。

《决定》的一个创新点是首次明确了“第三次分配”在收入分配中的重要作用。除政府通过税收、社会保障、财政转移支付进行再分配之外，企业和社会组织在再分配环节发挥的作用亦愈来愈大，因此应当重视以社会组织和企业为主体进行的慈善事业在收入分配中的作用，这就是所谓的“第三次分配”。第三次分配目前的主要形式包括企业、个人或社会组织举办公益性医院、学校、养老服务等事业，进行慈善捐赠等。研究显示，目前我国慈善机构筹款能力相对较弱，参与第三次分配的主体仍旧是企业，个人慈善家进行社会捐赠的比例不高，慈善捐赠主要集中于教育、医疗健康、扶贫等领域。第三次分配由于仅依靠道德力量和税收优惠进行激励，因此还有非常大的拓展空间①。

（三）完善社会主义市场经济体制

完善社会主义市场经济体制要进一步处理好政府与市场的关系，明确在经济调节中政府与市场的界限。

第一，在完善竞争制度方面，《决定》从市场准入与退出、加强反垄断和反不正当竞争两方面提出明确要求，促进公平竞争，促进企业优胜劣汰，促进资源合理配置。

第二，在产权制度方面，通过完善产权制度，有效降低市场主体的交易费用，这是市场经济的重要基石。但当前在知识产权的保护方面还存在侵权盗版频繁发生、侵权赔偿标准低、科技创新成果转化率不高等问题，这阻碍了我国技术创新与经济高质量发展。必须立足我国基本国情，完善知识产权制度设计，加强知识产权的国际规则研究，完善高校等研究机构与企业、知识产权服务机构之间的创新成果转化、孵化渠道，开展知识产权质押融资等政策，使得知识作为重要生产要素之一焕发市场活力。

第三，在完善科技创新体制机制方面，《决定》多处提到“加快建设创新型国家”，加大基础研究投入，加强关键核心技术攻关。正如党

---

① 祝洪娇．促进第三次分配以缩小收入分配差距．当代经济管理，2018，4（7）．

的十九大报告所提出的那样：“创新是引领发展的第一动力，是建设现代化经济体系的战略支撑。”经济的高质量发展必须依靠技术创新突破，必须加大财政科技投入、企业科技投入与高层次人才培养教育投入。要在政府不断加大财政科技投入力度的同时，加强科研资金的绩效管理，提高资金的使用效率。

第四，在推动城乡区域协调发展方面，在省域层面，要构建区域发展协调网络。在新时代经济发展中，健全区域协调发展的财政政策、产业政策等宏观配套政策，通过城市群等“区域共同体”的构建以及对口帮扶机制，使发达地区的技术进步、制度创新等能够传递到欠发达地区，强化发达省份对欠发达省份收入分配的辐射带动作用，促进区域协调发展。此外，加强区域间连接性基础设施建设，有助于实现生产要素的充分流动。对于地方政府而言，中西部地区应当积极寻找自身的发展优势，主动探求与发达地区的战略性合作，学习引进发达地区的创新制度，推动地区内部产业结构升级，从而缩小与发达地区的收入差距。

三、提高国家经济治理能力

不断增强宏观调控能力是实现我国经济高质量发展的重要支撑。我国社会主义制度始终通过国家规划和战略这种中长期规划的方式明确制定国民经济建设、社会发展的目标及方向，引导我国市场主体的资源配置和生产建设。在新时代，坚持和完善国家治理体系和治理能力就要继续发挥国家规划和战略对我国经济发展的指导作用，并且进一步理顺国家规划和战略与财政政策、货币政策等宏观调控政策之间的逻辑关系。

（一）完善国家规划和战略制定

首先，国家规划和战略始终是我国推动经济发展的重要抓手，也是实现“坚持全国一盘棋，调动各方面积极性，集中力量办大事的显著优势”的重要途径。新中国成立以来，我国于 1953 年开始编制第一个国民经济发展“五年计划”，对于奠定我国工业化基础发挥了不可替代的作用。改革开放以后，随着社会主义市场经济体制的确立，至“十一五”时期（2006—2010年），我国首次将“五年计划”改为“五年规划”，并将经济社会发展的主要指标分成预期性指标和约束性指标。2005年，国务院发布《关于加强国民经济和社会发展规划编制工作的若干意见》，规定我国规划管理体系分为“三级三类”，即按行政层次分为国家级、省（区、市）级和市县级三级与总体规划、专项规划和区域规划三类。以“五年规划”为核心的国家规划和战略作为目标治理的一种体现，在党的领导下，综合运用经济手段、政治手段、法律手段、规划手段，为宏观经济调控提供方向指引。其次，国家规划和战略事实上起到了一种“前瞻性指引”的作用，通过明确下一阶段我国财政支出投入重点领域、税收优惠行业、利率政策方向等政策导向，为市场主体的要素投入提供指导。再次，国家规划和战略可以通过“项目制”发挥集中力量办大事的制度优势，中央及地方可以通过财政支出、中央对地方转移支付等将大量资金充分整合并投入亟待重点发展的区域和行业。最后，“三级三类”国家规划和战略有利于协调城乡发展、区域发展，缩小地区发展差距。在国家规划和战略的编制和实施过程中，我国在“十五”计划时期首次引入中期评估，并在“十三五”规划时期开始引入年度监测，有利于根据现实情况对“五年规划”及时做出动态调整。

但是，目前对于“五年规划”的目标评估机制尚不完善，必须从规划编制、规划评估等方面完善我国重大发展规划和战略制度。此外，我国目前社会经济发展规划制度大多数以5年为一个周期，属于中期规划。从实现国家经济治理体系和治理能力现代化要求出发，要准确把握我国经济发展的阶段性特征与经济发展规律，进一步提高我国制定长期发展规划和战略的能力。

（二）建立现代财政制度

《决定》提出，建立现代财政制度应当“优化政府间事权和财权划分，建立权责清晰、财力协调、区域均衡的中央和地方财政关系，形成稳定的各级政府事权、支出责任和财力相适应的制度”。本文着重从现代预算管理制度、中央与地方财政关系对现代财政制度进行阐释。

1. 建设与完善现代预算管理制度

“完善标准科学、规范透明、约束有力的预算制度”应当从预算编制制度与预算绩效管理制度进行。2014年修订的《预算法》确立了“全口径预算管理原则”，但目前《预算法实施条例》的修订工作还未完成，需要加快。从预算编制方面来看，充足的预算编制时间是财政预算科学性的重要保证，因此，完善预算制度应当合理延长预算编制时间，使预算草案得到充分论证。从预算绩效管理角度来看，自从2003年党的十六届三中全会提出“建立预算绩效评价体系”以来，绩效管理取得显著成效。但是，目前全面预算绩效管理在特性指标、预算绩效评估公开等方面仍存在一些问题。因此，必须按照《中共中央　国务院关于全面实施预算绩效管理的意见》，加快建立全方位、全过程、全覆盖的预算绩效管理体系，加快实现预算绩效管理常态化、制度化、规范化。一是建立公开透明的预算公布体系，建立完善的反馈机制，加强人民代表大会、监察机关、社会公众对预算实施的监督。二是加强预算绩效事前评估，依据大数据等现代信息技术，构建“事前—事中—事后”的全过程评估体系。三是建立与完善滚动预算编制与中长期预算编制制度，在对宏观经济形势进行科学预测的基础上，提高预算执行的前瞻性与稳定性。

2. 合理划分中央与地方财政事权与支出责任

党的十八大以来，党和国家对于深化财税体制改革提出了一系列具有长远战略价值的原则和指导。2013年，党的十八届三中全会指出，要“建立事权和支出责任相适应的制度”，拉开了新一轮中央与地方财政事权与支出责任划分制度改革的序幕。2014年发布的《深化财税体制改革总体方案》明确了中央与地方政府之间财政关系是财税体制改革的重点。2016年，国务院印发《关于推进中央与地方财政事权和支出责任划分改革的指导意见》。2017 年 3 月，国务院发布《“十三五”推进基本公共服务均等化规划》，对涉及我国基本公共服务领域的中央与地方财政事权和支出责任进行了明确划分。2017 年 10 月，党的十九大报告提出：“加快建立现代财政制度，建立权责清晰、财力协调、区域均衡的中央和地方财政关系。”此后，中央与地方财政事权和支出责任划分在教育、科技、交通等不同领域持续推进，取得了显著进展。

进一步合理划分中央与地方财政事权和支出责任应从以下两个方面持续推进：首先，确立地方主体税种，控制地方政府债务规模。在“营改增”全面完成后，地方政府税收收入显著减少，应逐步形成地方主体税种，保证地方财政收入的稳定性与可持续性。其次，要加快完善转移支付相关制度，实现转移支付的制度化和规范化。通过科学可行的转移支付制度，切实平衡地区间财力不均衡的问题，协调区域发展。

（三）建设中央银行制度，加快货币政策制度改革

1. 建设现代中央银行制度

《决定》提出建设中央银行制度，对于金融调控制度改革具有很强的创新价值。建设现代中央银行制度就要发挥央行稳定金融体系的作用，持续完善宏观审慎管理政策，避免发生系统性金融风险。首先，中央银行作为发行银行，必须结合当前数字化金融时代的背景，尽快探索数字货币相关发行制度，同时加强人民币跨境流通的相关制度建设。其次，作为“银行的银行”，中央银行须进一步加强宏观审慎管理，发挥稳定金融体系的作用。党的十九大报告已经明确了“健全货币政策和宏观审慎政策双支柱调控框架”。中央银行应当进一步丰富监管工具，强化监管协调，合理控制金融创新对金融系统带来的系统性风险。最后，作为“政府的银行”，中央银行应当加强货币政策与财政政策、产业政策等政策相协调，以实现人民币币值稳定并以此促进经济增长的货币政策目标。

2. 完善基础货币投放机制

完善基础货币投放机制是我国金融体系改革的重要内容，也是提高

国家经济治理体系和治理能力的重要举措。首先，调控基础货币投放，就要保持货币增速与产出增速相匹配。调控广义货币余额增速与名义GDP增速，使其处于合理区间的关键是调控基础货币投放规模。央行可以通过设置广义货币余额增速与名义GDP增速的“走廊”规则对货币量进行调控，进而通过锚定广义货币余额增速的方式，使广义货币余额增速与名义GDP增速始终保持在合理的调控范围内①。其次，2008年国际金融危机后，国内货币政策工具在结构上进行了许多创新。今后完善基础货币投放机制，应当继续合理延长投放基础货币的操作期限以提高基础货币投放的稳定性和长期性，降低基础货币投放成本以降低金融机构及企业的融资成本，切实解决实体经济流动性不强的问题。

3. 健全基准利率和市场化利率体系

随着我国货币政策由数量型转向价格型，存贷款利率不再适合作为基准利率。同时，由于我国短期利率的传导机制较为通畅，且参考国际上许多国家均将拆借利率作为基准利率的利率市场改革经验，可以培育Shibor等短期利率作为基础利率，引导市场预期。同时，可以通过提高货币政策透明度和加强有效沟通，强化央行政策利率体系的引导功能，引导利率市场预期，从而提升货币政策的有效性。

深化利率市场化改革，疏通利率传导机制，加快贷款利率“两轨合一”。畅通短期利率向中长期利率传导机制就必须促进金融市场之间的融合，不断完善信贷市场、债券市场等金融市场体系建设，加强银行机构资产端、负债端与货币市场、债券市场的联系，特别是积极支持商业银行通过发行金融债、同业存贷等职权品种优化负债结构，提升对债券市场利率变化的敏感性。保障LPR报价机制平稳落地，创新与LPR挂钩的相关债券品种，活跃LPR衍生交易，提高LPR市场地位和市场化程度。丰富ETF品种，推动科创版改革，保障股票市场的活力和健

① 许坤，等．货币余额增速与经济增长的合理区间研究：基于GDP、CPI与M2的门限向量自回归分析．价格理论与实践，2020（1）．

康度。

金融服务业必须进一步扩大开放，以开放促竞争、促改革。金融市场的开放，要有序推进资本项目可兑换，以及人民币汇率形成机制等方面的市场化改革，相互配合、协调推进，在持股比例、设立形式、股东资质、业务范围、牌照、数量等方面对中外资金融机构给予同等的待遇和同样的监管标准。应按照国际标准，持续推动债券市场、股票市场、金融衍生产品市场的对外开放，扩大跨境投融资的渠道和途径，完善相关的制度安排。

四、参与国际经济治理体系建设

在国际经济环境不稳定不确定因素明显增加、外部输入性风险上升，特别是中美经贸争端不断升级的大背景下进一步扩大对外开放，对于我国的经济和社会发展具有十分重要的意义。2018 年初以来发生的中美贸易争端，对我国的外贸发展带来的困难正在逐步显现，对进出口的顺利发展产生了负面作用。在这一背景下，要努力保持外贸稳定增长，采取积极措施拓展海外市场，推动出口市场多元化，还要提高产品质量和服务水平，提高我国产品的国际市场竞争力。同时要积极提升外贸质量。一是要重视服务贸易创新发展，改善我国的外贸结构，努力提高服务贸易产品的竞争力；二是要引导加工贸易转型升级，优化贸易结构。

此外，通过优化进口结构积极扩大进口。当前积极扩大进口不仅仅是为了扩大消费品和基础原材料等商品的进口规模，更是要通过优化进口结构支持国内高新技术产业的发展壮大，提升国内技术服务水平和科技研发能力。要重视外资引进质量，落实好我国鼓励利用外资的政策，从制度上消除行政交易成本，维护外资企业在境内开展公平公正合法竞争的经营活动，支持外资企业在国内的发展以促进我国在全球产业价值链向中高端产业领域转移，从而更好地融入国际分工和产业链。

从完善治理体系和提升治理能力的角度来看，我们应当积极参与国际经济治理规则的制定和完善，要在维护和推进经济全球化的进程中发挥更大的作用，建设性地参与全球经济治理，继续发挥推动世界经济和贸易增长的引擎作用。

五、提高民生保障水平

在社会保障方面，当前，我国基本形成了以社会保险、社会救助、社会福利、优抚制度为主的覆盖城乡居民的多层次的社会保障体系。社会保险制度是社会保障制度的核心内容，也是缩小收入分配差距的重要手段，但还存在一些问题。例如，在养老保障方面，我国城乡居民基本养老保险制度保障水平不高，远低于职工基本养老保险保障水平；在城乡居民基本养老保险方面，不同省市政府设定的缴费标准和基础养老金标准差距很大，因此基本养老保险在不同地区间的差异过大。从失业保险方面来看，我国目前城镇职工失业保险参保率低于50%，但是失业保险收益率近年来也出现大幅下降，导致失业保险的再分配作用大打折扣。我国失业保险参保率和收益率均较低的原因主要是农民工等高失业风险群体参保率低、国有企业及事业单位职工等低失业风险群体的参保率高、失业保险待遇申请条件较高。这些问题均显示出社会保险制度调节收入分配的作用还有待进一步加强。

在基本公共服务均等化与可及性方面成效明显，面临挑战。2006年10月，《中共中央关于构建社会主义和谐社会若干重大问题的决定》中首次明确提出了“基本公共服务均等化”，要求“完善公共财政制度，逐步实现基本公共服务均等化”；2019年11月，《决定》提出要“完善公共服务体系，推进基本公共服务均等化、可及性”。由此可见，基本公共服务均等化、可及性在国家经济治理体系中具有相当的分量。各级政府都要把完善公共服务体系，推进基本公共服务均等化、可及性作为政府的重要职责和任务之一。要健全和完善中央政府与地方政府之间在公共服务提供上的职责划分制度和机制。中央政府要承担必要的全国性的、跨区域的基本公共服务提供任务，更要承担好基本公共服务的标准制定、质量评估以及规范、合理的财政转移支付等任务。地方政府在基本公共服务的提供上要承担更多的责任。在完善地方政府绩效考核体系过程中，要更多地考虑基本公共服务均等化和可及性的实现程度。实现基本公共服务均等化、可及性，应从转变观念、推动立法、明确政府定位、培育社会组织、完善财政保障政策等方面着手，同时，要积极借鉴发达国家的成熟经验，紧密结合我国国情，正确处理中央和地方政府的关系，建立适合我国经济社会发展阶段特色的民生保障制度。

第五章

中国之治背景下的财政体制改革

5 中国之治背景下的财政体制改革

孙玉栋

新中国成立 70 多年来，我国财税体制的变迁大致可以分成三个阶段，即从新中国成立开始的统收统支以及“一五”时期之后的统一领导、分级管理，这是第一个阶段，我们可以归纳为“站起来”的时期；第二个阶段是 20 世纪 80 年代初实行的包干制，到 1994 年后实行分税制的改革与完善，可以归纳为“富起来”的时期；从党的十八届三中全会召开至现代财政制度的建立可以算作第三个阶段，我们将其归纳为“强起来”的时期。如果把这三个阶段看作体制的变迁过程，就可以明显看出中国有着自己独特的财政体制发展路径与轨迹。

一、“站起来”时期的财政体制

新中国成立之初，当时全面进入社会主义计划经济时期，但面临的主要矛盾是供给严重不足。所以，一种必然的选择就是全国一盘棋的策略。在财税体制上，收入统一上交中央，支出再由中央统一安排。这决定了整个财政活动都是由中央来做统一规划，地方的权力相对来说非常小，并且在体制运行上采取的也是动态的调整，收入与支出的上解或者拨付比例一年一定。这段体制大致贯穿了新中国的前 30 年。这样的体制优势就是中央具有绝对权威，可以从决策层面平衡各地区的差异。但问题同样也很明显，那就是影响了地方的积极性。经济相对较好的地方，多收不一定多支，而经济相对落后的地区，少收未必少支。这种体制安排注重了公平，但影响了效率。当然这也和当时的整个政治、经济乃至国际环境有一定关系，需要举全国之力发展恢复生产、发展经济。这一时期，虽然有着对苏联学习与模仿的痕迹，但我国还是通过独立自主，初步构建了较完备的工业体系，全国一盘棋这种财政体制的选择有其时代必然性，成为中国特色的一种体现。

二、“富起来”时期的财政体制

（一）包干制体制的改革

伴随着党的十一届三中全会的召开，我国全面迎来了改革开放。包干制模式也被应用到财政体制改革中来。当时的突破点就是改变统收统支，实行“放权让利”和“分灶吃饭”两个维度的改革。这其中，“放权让利”立足解决国家与企业的关系，这又经历了两步“利改税”以及尝试了“税利分流”的改革；“分灶吃饭”则着力解决中央与地方的财政关系，旨在充分调动地方的积极性。1980 年到 1984 年，第一次实行了 5 年不变的“划分收支，分级包干”体制，1985 年到 1987 年，在完成“利改税”的基础上，尝试实行“划分税种，核定收支，分级包干”，有了分税的影子。但由于税制设计的问题，到了 1988 年，就演变为多种形式的“财政大包干”。这种大包干的实施，凸显了包干制体制的问题，即阻碍了全国统一市场的形成，不利于国家产业结构调整、产业政策实施，而且带来预算外资金膨胀、土地财政兴起和中央财政职能弱化等后果。

这期间的改革，尝试的成分使得中国特色变得更为明显。这种体制适当地向地方进行分权，使这段时期企业和地方比较活跃，但也影响了整个国家的总体战略安排。从“两个比重”的大讨论可以感觉到中央对财政包干制的反思。

（二）分税制体制的改革

1992 年，党的十四大召开，我国建立了社会主义市场经济体制，这为财政体制的改革提供了最大的宏观背景。分税制体制改革一步步推开，这其中体现出的中国之治特征具体表现为：

第一，这是以行政为主导完成的一次改革，政府的作用非常突出。

当时我国并没有制定《预算法》，财税体制的法律规范仅是 1991 年实施的《国家预算管理条例》。在这部条例中，并未就我国的财税体制进行制度性规定。所以，分税制的改革是在政府的推动下完成的。

第二，分税制的实行使得中央和地方在收入和支出的划分方面出现了非常具有中国特色的变化，实际上带有一定的体制矫正的属性。分税制开始实施前后，即 1993 年和 1994 年，中央财政收入与地方财政收入占财政总收入的比重发生了显著变化，如图 5-1 所示，出现了一个非常明显的“剪刀”。

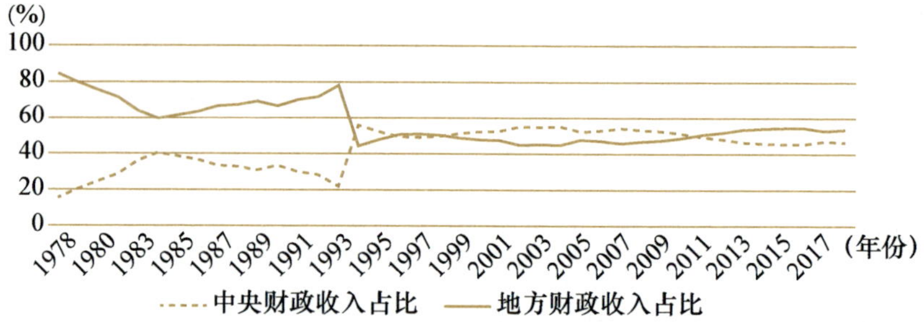

图 5-1　1978—2017 年我国中央与地方财政收入比例

从图 5-1 可以看出，在分税制实施之前，地方财政收入占了大部分，中央只占小头，但经过分税制改革之后，变成中央的比例高于地方的比例。2008 年以后，为了应对金融危机，央地收入分成有所调整，导致了地方财政收入略高于中央。

再看中央财政支出与地方财政支出的比例情况（见图 5-2）：

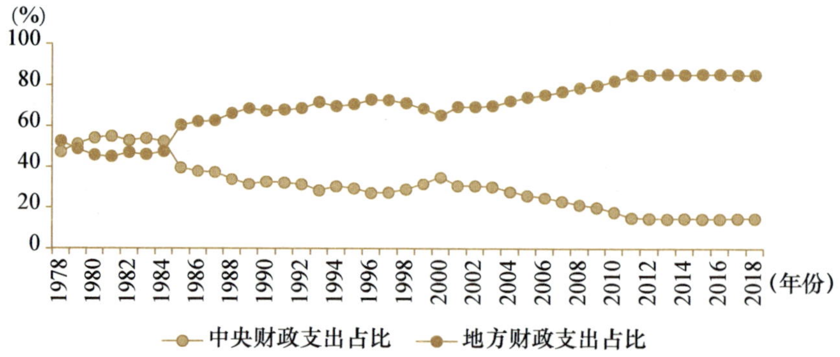

图 5-2　1978—2018 年中央财政支出与地方财政支出比例

从图 5-2 可以看出，中央和地方财政支出的比例并没有随着收入比例的变化而变化，相反，地方支出的占比还在 1994 年之后不断扩大。这就出现了地方财政收支的负缺口、中央财政收支的正缺口。当然，分税制体制一个很重要的制度安排是建立了纵向的转移支付制度，以实现各级财政的事权与财权的匹配。与包干制相比，分税制改革带来的最大变化是中央对地方调控能力的加强。同时在税收体制方面实行国地税两套税务机构，并将 1994 年完成的税制改革的新一套税种划分为中央税、地方税和中央与地方共享税。可以把 1994 年完成的分税制改革概括为"分权、分税、分征、分管"，借此调动中央和地方的积极性。

从实行分税制的 1994 年以后，我国的财政收入从 1994 年的 5 218.1 亿元增长到 2018 年的 183 359.84 亿元，增长了约 35 倍；财政支出由 1994 年的 7 529.7 亿元增长到 2018 年的 281 266.32 亿元，增长了约 37 倍。财政收支增长的幅度非常明显（见图 5-3）。

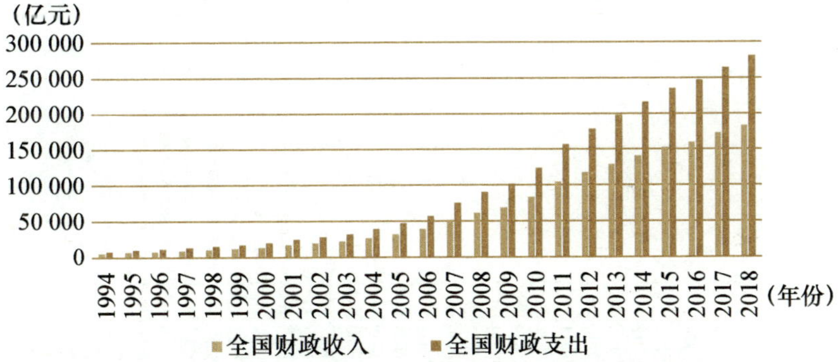

图 5-3　1994—2018 年我国财政收支增长情况

与之相伴的问题是我国的财政赤字也同样有非常大的增长。图 5-4 显示的是一般公共预算口径下的财政赤字，直观地看增长增幅还算均匀，但绝对值已经很高。

图 5-5 则是调整口径后在每年"两会"上报告的财政赤字与赤字率的情况。从预算安排的层面可以看出，财政赤字的安排与我国财政政策的周期存在极大的关联性。1998 年，为了应对当时的亚洲金融危机，政府实施第一轮积极财政政策，赤字增长的速度开始加快，到 2003 年，

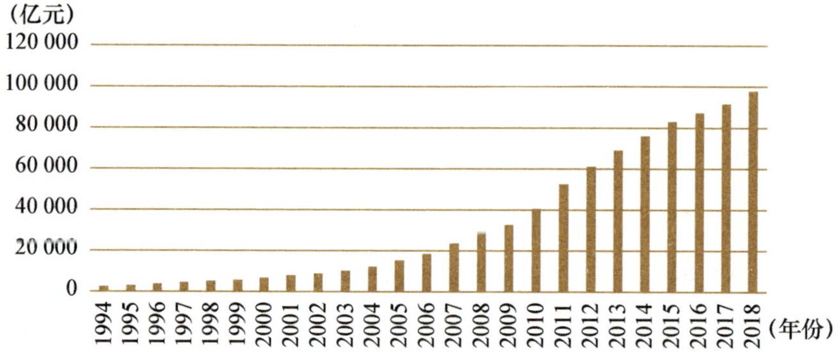

图 5-4　1994—2018 年我国一般公共预算口径下的财政赤字

财政政策由积极渐变为稳健，赤字规模也逐渐下降。但到了 2009 年，为了应对次贷危机引发的经济衰退，我国实施第二轮积极财政政策，财政赤字发生了突变性的增长，并且增长的幅度有加快的趋势。个别年份的赤字率接近了国际警戒线。财政赤字的不断增长，伴随的是政府债务的进一步增加。从这个意义看，分税制后，财政的压力并没有减轻。

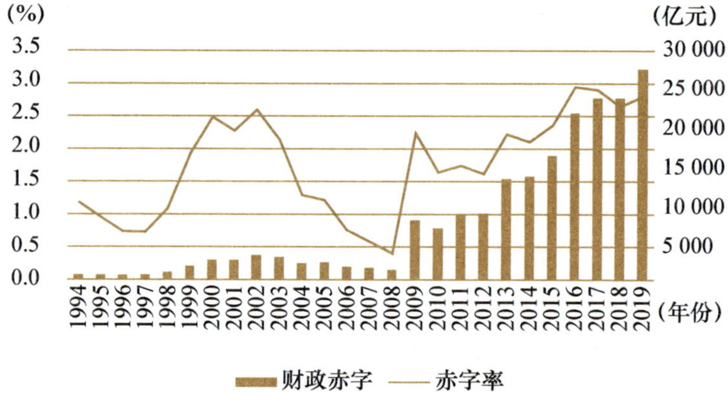

图 5-5　我国 1994—2019 年财政赤字（预算口径）与赤字率情况

可以看出，我国这一时期的财政体制改革是一个不断“放权”的过程，但在这个过程中不断出现“一放就乱，一收就死”的问题，从而导致改革的实践与改革的最初设计方案渐行渐远。1994 年分税制改革的核心内容是财权与事权的匹配，但因为财权始终没能够到位，就改为事权与财力的匹配。但是事权与财力相匹配时，这两者不是同一性质的东西，理论上是不能直接匹配的。因此，后来又提出支出责任与财力相匹配，通过这一间接的方式达到匹配。

三、“强起来”时期的财政体制

党的十八大提出国家治理体系和治理能力现代化的概念之后，财政体制的改革也开启了新的一页。党的十八届三中全会将财政改革提到了极高的位置，指出“财政是国家治理的基础和重要支柱，科学的财税体制是优化资源配置、维护市场统一、促进社会公平，实现国家长治久安的制度保障”。有关财政体制的改革提到了三个层面，我们将这个逻辑框架界定为现代财政制度。这也是将财政体制改革镶嵌到国家治理体系和治理能力现代化大背景下的一个正确且必然的选择。在现代财政制度的框架下，具体包括三方面的改革。

（一）事权的划分与支出责任的匹配

1994 年改革的时候，国家按照典型的分级分税体制做了事权的划分，但执行 20 余年，事权的下移和财权的上移使央地收支越来越不匹配，“中央请客，地方买单”情况很普遍。央地的关系是越到基层缺口越大，基层对上级依赖程度也越高。2008 年后，随着“四万亿”的启动，土地财政问题、地方政府融资平台问题和隐性债务问题越来越被理论界和相关部门所关注。党的十八届三中全会与“十三五”规划针对这些问题都制定了具体的改革措施，其中包括：

1. 按照外部性、信息复杂性和激励相融三原则，改善中央和地方政府间的职能划分

中央政府集中一部分社会保障、公共卫生、教育、跨区域重大项目、社会关系和谐稳定等职能；建立事权和支出责任相适应的制度，适度加强中央事权和支出责任。2016 年，国务院印发的《关于中央地方财政事权和支出责任划分改革的指导意见》已经有了初步的框架，后续的

细化与落实就成为关键。

2. 适度调整政府间收入划分

根据税种属性特点，遵循公平、便利和效率原则，合理划分税种，将收入周期波动性较大、具有较强再分配作用、税基分布不均衡、税基流动性较大、易转嫁的税种划为中央税或中央比例较高的共享税；将其余具有明显受益性、区域性特征、对宏观经济运行不产生直接重大影响的税种划为地方税或地方比例较高的共享税；结合税制改革，考虑税种属性，进一步理顺中央和地方收入划分，完善增值税划分办法。

3. 规范非税收入

逐步将土地资源类收入以及各种特许经营权收入纳入中央与地方收入划分范围。

4. 完善转移支付体系

强化一般性转移支付，促进基本服务均等化；完善中央对地方转移支付制度，规范一般性转移支付制度，完善资金分配办法，提高财政转移支付透明度。

5. 进一步完善省级以下财政管理体制

进一步调整和完善省级以下财政管理体制，均衡区域内纵向和横向财力，增强基层保障能力，优化区域内财力分配，健全省级以下财力分配机制。

（二）税收制度的改革与完善

1994 年之后，通过分税制框架，设计了一套新模式，包括国地税分开，以及中央税、地方税、共享税的划分等。伴随着中央与地方事权与责任的重新划分，税制的改革也成为必须解决的重要任务。

在现代财政制度下，一个新的税制改革方向也基本明确，其基本原则包括：按照优化税制结构、稳定宏观税负、推进依法治税的要求全面落实税收法定原则，建立税种科学、结构优化、法律健全、规范公平、征管高效的现代税收制度，逐步提高直接税比重。

这其中，可以从以下方面来分析税收制度的改革：

1. 落实税收法定原则

全国人大常委会法工委于 2015 年 3 月出台贯彻实施意见，要求必须按照法律规定设税、征税、治税，明确提出在 2020 年以前，将现行税收条例都上升为法律，实现所有税种的设立、征收、管理均由法律加以规范，并相应废止授权制定的条例与规章①。

目前我国共开征 18 个税种。截至 2019 年 12 月，在我国当前的税收法律制度框架中，税收实体法包括《个人所得税法》《企业所得税法》等 9 部，占全部需要立法税种的 1/2。尽管其他税种仍然是以国务院行政法规的形式进行约束，但 2018 年以来，财政部先后发布了与城市维护建设税、印花税、土地增值税、消费税等相关的法律征求意见稿，说明在税收实体法方面加快了落实税收法定原则的进程，但要完成税收法定的改革目标，我国的关税、房产税（房地产税）、契税、城镇土地使用税等税种也需要加快立法步伐（见表 5－1）。

表 5－1　我国开征税种及其相关法律法规

序号	税种		现行法律法规	立法进程
1	流转税类	增值税	《中华人民共和国增值税暂行条例》	1993 年 12 月 13 日公布，经 2008 年、2016 年和 2017 年修订。2019 年 11 月 27 日，财政部发布《中华人民共和国增值税法（征求意见稿）》
2		消费税	《中华人民共和国消费税暂行条例》	1993 年 12 月 13 日公布，2008 年 11 月 5 日修订。2019 年 12 月 3 日，财政部发布《中华人民共和国消费税法（征求意见稿）》
3		关税	《中华人民共和国进出口关税条例》	2003 年 11 月 23 日发布，2011 年、2013 年、2016 年和 2017 年修订

① 王力．全面依法治国进程中的税收法制建设．国际税收，2015（6）：7－10.

续前表

序号	税种		现行法律法规	立法进程
4	所得税类	企业所得税	《中华人民共和国企业所得税法》	2007年3月16日通过，2017年2月24日第十二届全国人民代表大会常务委员会第二十六次会议第一次修正，2018年12月29日第十三届全国人民代表大会常务委员会第七次会议第二次修正
5		个人所得税	《中华人民共和国个人所得税法》	1980年9月10日通过，经1993年、1999年、2005年、2007年、2011年和2018年等7次修订
6	财产税类	房产税	《中华人民共和国房产税暂行条例》	1986年9月15日颁布，2011年1月8日修订
7		土地增值税	《中华人民共和国土地增值税暂行条例》	1993年11月26日国务院第十二次常务会议通过。2019年7月16日，财政部发布《中华人民共和国土地增值税法（征求意见稿）》
8		耕地占用税	《中华人民共和国耕地占用税法》	2018年12月29日通过
9		契税	《中华人民共和国契税暂行条例》	1997年10月1日起施行
10		车船税	《中华人民共和国车船税法》	2011年2月25日通过
11		城镇土地使用税	《中华人民共和国城镇土地使用税暂行条例》	1988年9月27日发布，经2006年、2011年和2013年修订
12		城市维护建设税	《中华人民共和国城市维护建设税暂行条例》	1985年发布，2011年修订。2018年10月19日，财政部发布《中华人民共和国城市维护建设税法（征求意见稿）》
13	行为类税	船舶吨税	《中华人民共和国船舶吨税法》	2017年12月27日通过，2018年修正
14		印花税	《中华人民共和国印花税暂行条例》	1988年8月6日发布，2011年修订。2018年11月1日，财政部发布《中华人民共和国印花税法（征求意见稿）》
15		车辆购置税	《中华人民共和国车辆购置税法》	2018年12月29日通过
16		环境保护税	《中华人民共和国环境保护税法》	2016年12月25日通过

续前表

序号	税种		现行法律法规	立法进程
17	资源类税	资源税	《中华人民共和国资源税法》	2019年8月26日通过
18		烟叶税	《中华人民共和国烟叶税法》	2017年12月27日通过

注：根据开征税种的相关资料整理。

2. 实体税改革

2014年以来实体税的改革则聚焦于以下几点：

一是全面完成营业税改增值税改革，建立规范的消费型增值税制度，使得税收链条完全打通。

二是进行个人所得税的综合与分类所得税制的改革，实质性地影响税收意识，改变整个社会对个人所得税的认知，推进税收诚信体系建设。

三是完善消费税制度，调整纳税项目，改变消费税的征收环节，从而进一步增强消费税对消费领域的调节。

四是实施资源税从价计征改革，逐步扩大征税范围，同时开征环境保护税，使我国绿色税收体系初步建立。

五是推进房地产税立法。这是一项系统工程，涉及各方利益，需要做大量的前期工作，也将对房地产相关行业以及地方税体系的完善起到至关重要的作用。

3. 税收的结构调整方面

经过实体税种的不断调整，我国直接税的比重呈现出不断上升的趋势（见表5-2），流转税的占比由2009年的54.2%下降到2018年的46.1%，所得税的占比则由2009年的26.1%上升到2018年的31.5%，这里还没有包括财产税的部分。直接税比重的不断提升，对减少税负转嫁、税收负担有积极作用。2019年，伴随着大范围的“减税降费”，这一结构还会发生较大变化。

表 5-2　2009—2018 年我国税收结构变化情况　（%）

主要税种占比	2009 年	2010 年	2011 年	2012 年	2013 年	2014 年	2015 年	2016 年	2017 年	2018 年
国内增值税	31	29	27	26.2	26.1	25.9	24.9	31.2	39.1	39.3
国内消费税	8	8.3	7.7	7.8	7.4	7.5	8.4	7.8	7.1	6.8
营业税	15.2	15.2	15.2	15.6	15.6	14.9	15.5	8.8	—	—
合计	54.2	52.5	49.9	49.6	49.1	48.3	48.8	47.8	46.2	46.1
企业所得税	19.4	17.5	18.7	19.5	20.3	20.7	21.7	22.1	22.3	22.6
个人所得税	6.7	6.6	6.7	5.8	5.9	6.2	6.9	7.8	8.3	8.9
合计	26.1	24.1	25.4	25.3	26.2	26.9	28.6	29.9	30.6	31.5

在税务机构的改革中，按照党的十九届三中全会的安排，完成了国地税两套税务机构的实质性合并，目标是完善税收征管方式，提高税收征管效能，并配合“放管服”改革，进一步优化税收环境。

（三）建立我国现代预算制度

一个治理现代化的国家，必须是一个“预算国家”；在现代财政制度框架下的预算制度改革，实际上就是要解决好法定预算问题、预算强约束问题和预算绩效问题。这里包括了建立健全预算编制、执行、监督的相互制约、相互协调机制；完善全口径的政府预算体系，加大政府性基金预算、国有资本经营预算与一般公共预算的统筹力度，完善社会保险基金预算编制制度；实施跨年度预算平衡机制和中期财政规划管理，加强与经济社会发展规划的衔接；全面推进预算绩效管理；建立政府资产报告制度，深化政府债务管理制度改革，建立规范的政府债务管理及风险预警机制；建立权责发生制政府综合财务报告制度和财政库底目标余额管理制度以及扩大预算公开范围，细化公开内容等。

从总体上看，包干制改革调动了地方积极性，分税制之后中央的调控能力增强，现代财政制度的改革目标更多体现在如何重新调动和发挥中央与地方的积极性、在兼顾公平的同时提高财政运行的效率上。

党的十九大报告对现代财政制度做了更加明确的规定。在央地关系的处理上，提到了权责清晰、财力协调、区域均衡几个方面。同时，在党的十九大报告中，在预算制度下也加上了比《预算法》更细致的表述，就是在“全面规范透明”后面加上了“标准科学”和“约束有力”的限定，并单独提到了全面实施预算绩效管理，税收制度方面更多体现了税制的深化改革。

党的十九届四中全会通过的《决定》中关于现代财政制度改革的内容有更新的表述，中国之治的内涵开始包括更多协同治理的内容。主要有以下三个方面：

第一，《决定》提到“健全以国家发展规划为战略导向，以财政政策和货币政策为主要手段，就业、产业、投资、消费、区域等政策协同发力的宏观调控制度体系”。可以看出实际上是把财政和金融作为政策工具来协同应用，对投资、就业、消费、区域发展进行宏观调控，作为一个体系来建设，需要综合化。

第二，《决定》提到“健全以税收、社会保障、转移支付等为主要手段的再分配调节机制，强化税收调节，完善直接税制度并逐步提高其比重”。这一调节制度手段通过税收，包括社会保障和转移支付，解决再分配的公平问题，着力缩小收入分配差距、地区差距、行业差距，加强制度的调节作用。

第三，《决定》提到“优化政府间事权和财权划分，建立权责清晰、财力协调、区域均衡的中央和地方财政关系，形成稳定的各级政府事权、支出责任和财力相适应的制度”，“完善标准科学、规范透明、约束有力的预算制度”。这一段表述承接了党的十九大报告的内容，也对未来的现代财政制度建设提出了新的要求：

（1）政府间财政关系法制化的问题，即在真正意义上把中央与地方的政府间关系以法制化的形式固定下来，包括是否制定财政基本法。

（2）政府间事权与财权划分，这个建议是重新提出的，有了事权与财力相匹配这一中国特色。这次重新提出财权划分问题，非常值得关注和研究。

（3）事权、责任、财权相结合。党的十八届三中全会提出事权与支出责任相匹配，力图解决“中央请客，地方买单”的问题，即各级政府的权力必须对应各自的责任，同时强调财力要与之对应。这里的一个值得关注的问题是财力和财权如何进行界定，以及两者的关系该怎么处理。

（4）建立有效的转移支付资金的跟踪和监管机制。转移支付制度是调整中央与地方之间的收支缺口，以及地方相互之间区域差距的重要手段。在这个手段下，如何解决转移支付资金的规范性及有效性，也是非常重要的问题。

（5）预算制度的完善。尽管我们重新修订了《预算法》，但是还有很多问题需要讨论和完善。2018 年，《中共中央　国务院关于全面实施预算绩效管理的意见》发布，要求实行全面预算绩效管理，这构成今后的一个突破口。如何落地全口径、全覆盖、全过程的全面绩效管理架构，也是需要做深入讨论的内容。

（6）税收制度的改革。2018 年进行的个税改革、2019 年的减费降税，跟财权的确定有直接的关联，同时也还有税制结构的优化问题。2020 年个人所得税的征管会发生非常大的改变，以往单位代扣代缴的模式变成单位预扣预缴，纳税人需要在规定的纳期进行汇算清缴，这对居民的税收意识有非常大的影响。每一个人因为税改会有不同的感受。个税的改革告诉大家，税收的制度设计对整个税收环境、税收意识及其行动，都会产生非常大的影响。

再有就是地方税体系的完善问题。增值税分成比例的调整、消费税的下移、房地产税的开征、地方税收立法权等，都是下一个时期的主要工作。

2020 年是我国全面建成小康社会的关键一年，财政体制改革很多问题也亟待破解：减税降费的可持续性问题；地方隐性债务及其风险防范问题；专项债券的发行与使用效益问题；赤字率是否突破警戒线的问题；应对经济下行，保持稳增长和高质量发展的财政政策与工具的组合问题；等等。这都体现了在新时代的背景下，我国财政体制的中国之治需要更多制度创新。

The Code of China's New Governance: Toward the Modernization of System and Capacity

第六章

创新特大城市治理，推进统筹城乡民生保障制度

6

创新特大城市治理，推进统筹城乡民生保障制度

叶裕民

一、统筹城乡民生保障制度是我国推进以人民为中心新型城镇化的基础工程

党的十八大以来，以人民为中心成为国家治理体系和治理能力现代化的基本理念，深入人心。习近平总书记在庆祝中国共产党成立95周年大会上明确指出："坚信党的根基在人民、党的力量在人民，坚持一切为了人民、一切依靠人民，充分发挥广大人民群众积极性、主动性、创造性，不断把为人民造福事业推向前进。"[①] 党的十九届四中全会精神全面体现了以人民为中心，推进国家治理体系和治理能力现代化的新理念和新方法，"人民"一词全文出现109次。《中共中央关于坚持和完善中国特色社会主义制度　推进国家治理体系和治理能力现代化若干重大问题的决定》（简称《决定》）提出，我国国家制度和国家治理体系具有十三个方面的显著优势，其中之一就是"坚持以人民为中心的发展思想，不断保障和改善民生、增进人民福祉，走共同富裕道路的显著优势"[②]。

统筹城乡发展是党的十六大以来始终坚持的发展战略，是我国国家治理体系和治理能力现代化的有机组成部分。中国未来时期转型发展的主旋律是新型工业化、新型城市化和农业农村现代化，统筹城乡发展是同步推进"三化"系统方法的综合集成。统筹城乡发展的核心内容是新型城市化，基本特征是系统有序推进，最大贡献是对完善社会主义制度的有效探索，最重要结果是解放和发展生产力，形成城乡居民同城同权、共创共享新型发展格局。统筹城乡发展是平稳跨越"中等收入陷阱"的制度安排，是完善中国特色社会主义制度的内在要求，是全面建成小康社会和实现现代化的战略选择。

---

① 习近平．在庆祝中国共产党成立95周年大会上的讲话．北京：人民出版社，2016：18.

② 中共中央关于坚持和完善中国特色社会主义制度　推进国家治理体系和治理能力现代化若干重大问题的决定．北京：人民出版社，2019：4.

统筹城乡发展是以新型城镇化为核心的系统工程，人口流动和人的公平发展是主旋律。基于此，统筹城乡发展路径可以遵循“四步走”战略：

第一，城市通过新型工业化扩大就业，为农村富余劳动力提供发展空间，这是统筹城乡发展的起点。解决农村富余劳动力如何“流”的问题。

第二，通过城市的以市民化和户籍制度为核心的制度配套创新和改革，使进入城市的人口及其家属转化成真正的城市居民，提升城市整体品质，积累人力资本，这是统筹城乡发展的核心内容。解决富余劳动力如何“留”的问题。

第三，“三个集中”促进城乡生产要素有序流动，谋求社会资本、财政资金和土地的规模经济效益，这是统筹城乡高效有序发展的关键。解决富余劳动力及各类生产要素往“哪里流”的问题。

第四，为农村地区农业现代化和农民生活提供全方位、均等化的公共服务，是统筹城乡发展的落脚点。解决“不流入城市留在乡村”的居民发展问题。

在“四步走”战略中，第二步是进入城市的农村人口的民生保障，第四步是乡村居民的民生保障，统筹城乡民生保障，根本就是解决乡村居民的民生保障，以及进入城市的乡村居民的民生保障。可见，统筹城乡居民民生保障，是推进统筹城乡发展，进而推进新型城镇化、实现现代化的基础性工程。

在“四步走”战略中，前三步战略是城市为农村减负，通过大规模吸纳农村富余劳动力，提高农村劳动力对土地资源的占有量，为农业土地规模经营奠定物质基础；第四步战略是反哺，工业反哺农业，城市反哺农村，即通过资金、技术输入，逐步提高农村农业劳动生产率，促进农业和非农产业效率一体化，同时大规模建设农村技术设施和人居环境，提供均等化的公共服务，实现城乡公共服务一体化，为农村居民提供基础性民生保障。

在发达国家现代化的过程中，第四步是最难的。因此，德国、日本、韩国都有新农村建设，旨在解决农村落后于城市发展的难题。日本和韩国在城市整体现代化的前提下，用了 15～20 年的时间，基本实现了乡村现代化，进而实现了城乡一体化，走向发达。

我国长期重视农村发展，党的十六大促进统筹城乡发展战略实施以来，特别是党的十八大提出实施国家乡村振兴战略规划以来，我国持续增加农村投入。2013 年 11 月，习近平总书记深入湘西考察，提出“实事求是、因地制宜、精准扶贫”的重要指示，拉开了精准扶贫攻坚战的大幕，乡村贫困、基础性民生难题得到极大缓解，乡村振兴方向得以明确，对策更加清晰，我国乡村居民的民生保障水平正在大幅提升。

第二步战略，即市民化战略是城市为乡村减负的关键，也是统筹城乡发展的关键难题。虽然从党的十八大以来，我国中央和地方层面市民化政策力度持续加大，但是地方的市民化进程却迟迟难以推进，特别是大城市市民化策略缺乏根本性举措。市民化进程受阻，进入城市的乡村居民——城市务工人员——在城市缺乏基本的居住、公共服务、教育、就业保障，他们长期徘徊于城市边缘，成为我国民生保障中的边缘群体，而市民化滞后又源于我国长期以来对特大城市规模的控制。

二、尊重特大城市规模调控规律，创新特大城市治理模式

（一）特大城市规模调控是世界性课题

我国特大城市规模治理长期缺乏系统思维。特大城市规模控制是一个世界性的难题，现代化国家的特大城市都要面对这个难题，如巴黎、伦敦、东京、芝加哥、纽约，但每个城市的对策却不一样。比如，纽约尽管犯罪率高，但没有控制人口的政策。纽约的发展历史证明，人口快速增长的时候，就是纽约经济发展最好的时候。一旦到了纽约人口下降，或者人口增长很慢的时候，一定是经济萧条时期。培养人而不是排斥人，面对问题、解决问题而不是拒绝问题，这就是纽约的经验。

由于集聚效应和规模经济的影响，人口和产业向大城市与特大城市集聚是世界城镇化的一般规律。除了德国独特的历史和制度形成了较为均衡的城镇体系，绝大部分发达国家都是大城市发展导向。如日本从“二全综”（第二次全国综合规划）到“六全综”，贯穿始终的主题之一就是“控制全国人口向东京一极集中的国土态势”。但是，迄今为止，东京都总人口仍然长期处于上升趋势。

发达国家以“尊重规律，以人为本”为调控大城市规模的首要原则，其共性特征是：第一，认同城市规模在控制中增长的客观趋势。把民心所向、以人为本作为调控大城市规模的首要原则。第二，调控手段多元化，在全国或区域尺度上以疏导为主，在城市尺度上以精细化管理为主。第三，包容性地对待持续增长的人口，并实施系统公平的公共服务。

（二）中国大城市病的性质不同，应区别对待

中国工业化和城镇化的快速发展和管理滞后，使特大城市高度聚集引发的城市问题复杂和尖锐。“城市病”突出表现在交通拥挤、环境污染、社会冲突加剧等方面。不同的问题，性质不同，应该区别对待。

交通拥挤问题是世界各国特大城市面临的共同问题，可以通过规划管理得到缓解。环境问题是工业化和城市发展过程中的共性问题，可以伴随着环境治理和城市功能结构升级而逐步得到解决。但是我国特大城市中存在的社会矛盾与冲突，一方面是德、美、日、韩等多数后发的发达国家不曾有过的，另一方面是多数掉进“中等收入陷阱”的发展中国家所共有的特征。因此，社会矛盾与冲突是中国必须面对的，更加深层次、更加具有威胁性和挑战性的问题。

（三）我国特大城市问题的四大原因

1. 人口持续大量迁入

首先，聚集经济赋予特大城市独特魅力。我国正处在快速城镇化阶段，人口规模巨大，区域发展不平衡，人口转移压力大，特大城市作为

人口城镇化的主要载体之一，大量人口迁入是城乡发展规律的内在要求。其次，我国处在工业化中期，特大城市聚集效应显著，企业家用脚投票，导致产业和人口向特大城市高度集聚。最后，级差地租的存在进一步使得特大城市中心城区人口密度居高不下，人口和资源在城市-区域层面优化配置难度大，中心城区城市问题尤其突出。

2. 资源配置向特大城市倾斜

我国长期实施严格控制特大城市规模的政策，但是，受行政管理制度的影响，国家在优质资源配置、重大项目布局等方面仍然长期向特大城市倾斜，持续强化着特大城市的资源禀赋优势，导致区域差异扩大，特大城市与其他层级城市的差异扩大，特大城市对各类人才和优质要素资源的吸引力持续增强，致使大量人口远距离、长时期持续地向特大城市迁移，特大城市规模长期在控制中持续增长。

3. 规划管理滞后

特大城市规划发展大规模的单一功能区（如通州、顺义、昌平），导致大规模长距离通勤。公共交通系统及慢行系统规划建设严重滞后，致使短距离小汽车出行比例居高不下，加剧了交通压力和环境问题。我国特大城市高端医疗教育等服务资源高度聚集于中心城区，致使特大城市内部空间结构失衡。

4. 人口管理制度亟待改革

流动人口的基本生存权、居住权和发展权缺乏有效保障，导致巨大规模的流动人口长期稳定性差，对前途缺乏预期，对城市陌生乃至存在对抗情绪。城中村流动人口居住聚集区域成为社会问题突出的地带。本来应该发展、转化成为城市创造创新动力的流动人口，却逐步变成制造城市社会问题的主体人群。排斥性的人口管理制度既是我国城市社会问题的根源，又导致人力资本的巨大浪费，成为我国结构升级乏力和缺乏创新能力的重要原因。作为控制人口规模的传统法宝“户口”，在市场经济条件下无效或者低效，说明我国特大城市人口规模控制的传统模式走到了尽头。

（四）我国特大城市四类人口调控治理模式

调研发现，中国不同的大城市控制城市规模的路径是不一样的。

第一，总量控制法。以北京为代表。以直接控制存量为主，辅之以增量功能调控的方法。典型做法如：通过加强综合整治和拆除违章建筑来控制和疏减外来人口数量，搬迁企业乃至市政府以减少城市非首都功能等，这些做法有助于促进城市管理规范化，并在短期内达到控制人口的效果。存在的问题是措施缺乏系统性，减弱城市服务功能，违背市场规律，强化劳动力市场供不应求矛盾，激化社会矛盾，持续实施难度较大。北京劳动力市场求人倍率长期在 5 以上，少数行业在 10 以上。北京全行业平均工资水平是河北省的 2 倍以上。

第二，空间结构调控法。以上海为代表。通过调控城市建设用地总量、空间结构，以及大型公共服务设施安排，引导人口向密度低、集约利用空间大的城市边缘区和新城流动，达到以地控人的目的。上海新一轮总体规划提出建立 15 分钟生活圈，让郊区生活环境变得更好，郊区所有的镇、村、社区，15 分钟就能通过利用周边公共服务资源解决基本生活问题。这种做法符合特大城市人口调控规律，可以将优化城市空间结构、功能布局与调控人口相结合。但这一方法调控效果周期较长，需要全国尺度的空间政策和微观尺度的人口政策加以配套。

第三，产业结构调控法。以深圳为代表。通过优化城市功能和产业结构，促进就业结构升级，实现城市高质量增长，人口调控目标与城市发展须相一致。努力使公共服务全覆盖就业人口及其家庭，使人口发展与城市发展同步。这种做法着眼于长远，可以发挥市场力量，将优化城市功能与调控人口相结合，寓调控于发展。另外，深圳注重推出人才创新政策，每年为 300 万人群提供职业培训。由于产业结构升级，深圳每年劳动力流失 400 万，新进来 400 多万，表现出来就是深圳劳动力结构在流动中升级。

第四，服务引导调控法。以成都为代表，作为西部中心城市，成都区域的总人口仍将上涨，谋求中心区人口下降与成都市域人口增长相结合。以强服务、优布局、调结构为人口调控的总思路，面向全局和长远谋划未来城市规模与格局。通过编制实施城乡规划与公共政策体系，全面打造优于中心城区的卫星城人居环境，在中心城市与卫星城之间建立点对点的快速交通网络，促进市级优质资源强力向卫星城和新城推进，建立常住人口全覆盖的公共服务体系，促使中心城区人口向卫星城和新城疏解。目标：中心城区减容量提质量、卫星城和新城增活力促发展，特大城市区域仍然起到聚集人口、承担引领全省城镇化健康发展的重任。这种方法在人口压力问题不十分突出、卫星城和新城建设基础条件较好的特大城市有较好的效果。成都是中西部地区流动人口增长最快的城市，也是全国竞争力提升最快的城市。

综合来说，以服务引导调控，优化布局和调整结构是控制调整大城市人口规模较好的方法。

（五）创新特大城市治理模式，完善人口规模调控对策

建构包容性特大城市规模调控政策体系的基本原则是：政府主导，立足全国，规划引领，多元并举，包容发展。特大城市是中国建立城市社会秩序的前沿阵地。在以人为本的新型城镇化时期，特大城市人口治理的基本理念和政策导向对全国城镇化健康发展具有重大而深远的影响。

特大城市规模调控是个系统工程，需要系统性的对策：

1. 控制特大城市规模是历史性课题，需要战略性地解决，应该严格控制增量，循序渐进调整存量

我国 2030 年前后将达到人口高峰，城镇化也将进入成熟期，全国城镇化的空间大格局趋于稳定，人口分布格局可预测，特大城市也大致可以框定城市规模，为编制可实施的特大城市规模控制与发展战略规划提供了历史背景。未来劳动力是稀缺的，尤其会稀缺高素质的劳动力，

当人力资本积累跟上的时候，城市和城市之间的竞争就是优质劳动力竞争。不能一蹴而就，要历史地解决问题，促进特大城市人口市民化应该与规模调控并行不悖，如果长期在排斥管理中调控规模，只能导致矛盾的积累。

2. 控制特大城市规模是全局性课题，需要在全国和区域尺度上解决，区域协调发展和增强各层级城市功能是控制特大城市规模的基本路径

第一，在全国层面，全面实施《国家基本公共服务体系“十二五”规划》，缩小特大城市与全国，特别是与周边地区公共服务的差距，减少全国人口向特大城市的制度型迁移。第二，促进高端服务设施在全国区域性中心城市均衡化发展。为全国各省会和各城市群的中心城市规划配置高端医疗、教育、文化、艺术等服务设施，减少全国人口向特大城市的经济型和服务型迁移。遵循两个“70%”发展规律，即城镇化成熟时期，70%的人口居住在城市；其中70%的城镇人口居住在城市群地区。

3. 控制特大城市规模是系统性课题，需要政府统筹规划建设管理，实现发展与控制的动态平衡

借鉴国际经验，编制都市区和城市群发展规划，从区域层面控制特大城市中心城区规模，引导人口向都市边缘区新城及城市群内部的非中心城市扩散。大部分国际化大都市实施规模控制的主要目标是控制中心城区规模，东京、首尔、巴黎、伦敦等一些大都市实现了大都市区人口聚集态势下的中心城区人口规模下降。

4. 以经济手段控制特大城市基本经济功能，以公共服务提升居民生活质量，实现控制与发展的动态平衡

我国深圳就采取了这种策略。按照发展定位，发挥市场作用，以土地价格和税收等经济手段引导和控制特大城市基本经济功能，促进结构

升级，带动人口合理发展。推动城市社会治理改革，大力发展公共服务体系，为在城市有稳定就业的非户籍常住人口及其家庭提供公共服务，以此提升居民生活质量，为构建和谐社会奠定基础。特大城市规模控制与非户籍常住人口市民化并行不悖。

三、以可支付住房供给为突破口，建构特大城市非户籍人口民生保障体系

（一）特大城市非户籍人口成为统筹城乡民生保障的最后堡垒

对特大城市规模控制有了清醒的认知以后，下一个问题就是如何有效促进特大城市非户籍人口市民化，也即如何为这部分人口提供民生保障，使他们可以融入社会，并成为特大城市创新创造的主体。

众所周知，2020 年是我国小康社会建设元年。要全面实现小康，本来有两大困难群体：一是 7 000 万乡村贫困人口，二是 7 000 万特大城市流动人口。通过精准扶贫，7 000 万乡村贫困人口民生保障程度得到极大提升，7 000 万跨省流动人口民生保障成为我国统筹城乡民生保障的最后堡垒。迄今为止，没有一个特大城市制定过有关流动人口市民化的规划。虽然许多城市在基础教育、最低工资标准、社会保障等方面针对流动人口采取了很多措施，但关键的住房问题没有解决，致使流动人口带眷率只有 20%～25%，衍生出一系列的社会问题。

住房是提高特大城市流动人口治理水平的最大障碍。不解决流动人口的住房问题，将严重影响到全面建成小康社会的成色，怎样才能为流动人口提供可支付健康住房呢？

（二）特大城市流动人口“二二四二”可支付健康住房供给方案

可支付健康住房的概念产生于德国，1880 年代的德国处于高速城镇化阶段，全国 6 000 万总人口中有 2 900 万是流动人口，占全国人口的比

重接近50%，给城镇化带来巨大挑战。为此，德国规定，不管什么住房，不管谁提供的住房都得是健康住房，以户为单位提供的套房必须有独立卫生间和厨房设施，可以供一家人正常生活；同时，还规定不是健康住房，不准向市场供应。

市场导向下，我国城市周边的村庄为流动人口提供了可支付的廉租房，推动了城中村发展，也为我国流动人口的基本生活提供了基础性保障。大城市和特大城市城中村居住人口中的流动人口占比40%～70%不等，其中深圳高达80%。可见，城中村是解决流动人口住房问题的重要阵地。而且，大城市人力资本的难题和空间品质的难题都在城中村聚集，城中村改造是大城市现代化的重点区域，也是当前大城市面临的重大难题。因此，要把改造城中村和为流动人口提供住房两者结合起来，切实解决城中村流动人口的居住问题。

基于国内外经验，我们提出“二二四二”的流动人口健康住房方案。20%高收入流动人口自行购买或租赁住房；20%中低收入单身流动人口居住企业或开发区的职工宿舍；40%中低收入家庭迁移人口通过包容性城中村改造，租住农民提供的合法可支付健康住房；20%低收入者依赖政府的公共住房。这样，可以把特大城市为流动人口提供的公共住房降低到最低程度。

可通过包容性的城中村改造，给流动人口提供可支付的健康住房。对广州流动人口的抽样调查发现，广州市19%的流动人口可以买得起住房，18%的人租得起城中村改造后60平方米的住房，29%的人租得起城中村改造之后40平方米的住房，25%的人租得起城中村改造之后20平方米的住房。上述合计占比达91%，剩下仅9%住不起。整体呈现2∶7∶1的结构（见图6-1）。

因此，关键在于中间70%的流动人口。经调查，广州大概有107万流动人口住在郊区，按一人一户测算，需要107万套可支付健康住房，如果全面启动广州城中村改造，窄口径计算可提供85万套，占需求量的79%；按宽口径测算可提供157万套可支付健康住房，占需求量的146%，完全可以满足流动人口的需求。具体测算建议方案如下：

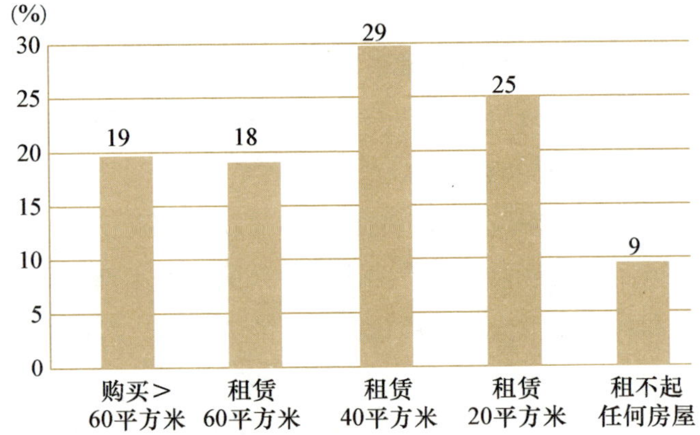

图 6－1　2014 年广州非户籍常住人口住房可支付能力结构

建议方案一：窄口径只补偿现有的合法建筑面积，超过 280 平方米的非法建筑，不补给面积，只补给建筑成本。广州所有的乡村住宅合法面积加在一起是 3 066 万平方米，大概是 85.8 万套住房，若按照问卷调查的“四六二”结构分配，完全符合市场需求结构。

建议方案二：宽口径测算。不管农民的合法住房面积有多少，统一按 280 平方米补建，然后按照人均 33 平方米住房计算，除去本地居民所需的住房面积，剩下的住宅面积可以健康住宅的形式提供给流动人口。通过测算，剩下的住宅面积完全可以满足 70%流动人口的需要。

方案充分利用城中村更新的存量资源，大规模增加新市民可支付租赁住房供给，并实现政府、村集体、村民和流动人口多方共赢，没有任何一方利益明显受损，具有帕累托最优性质。各方利益表现如下：（1）流动人口全面实现住有所居；（2）本地居民作为新型租赁住房市场化供给主体，获得可持续性的资产性收入；（3）市场化路径，不增加政府财政负担；（4）不新增土地，不新增建筑面积，有利于土地集约节约利用；（5）政府负担的公共住房降到最低程度；（6）为全面推进市民化、实现新型城镇化高质量发展奠定基础。

（三）以可支付健康住房供给为基础全面实现统筹城乡民生保障

有了可支付健康住房，推进市民化、统筹城乡民生保障就有了根基。

基于可支付健康住房市场化充分供给，可以通过如下“七化”全面促进非户籍常住人口市民化，攻克我国统筹城乡民生保障的最后堡垒：可支付健康住房市场化，迁移人口家庭化，家庭生活社区化，社区治理民主化，以社区为空间载体实现公共服务均等化，人力资源通过培训资本化，非户籍常住人口逐步现代化。

第七章

中国社会保障治理改革

7 中国社会保障治理改革

胡宏伟

党的十九届四中全会是我国国家治理发展过程中的一次重要会议，会议研究的重要议题包括坚持和完善中国特色社会主义制度、加快推进国家治理体系和治理能力现代化建设等问题。社会保障是典型的国家治理主题，在整个国家治理中具有重要作用和地位。同时，社会保障也具有显著的社会治理特质，坚持和完善社会保障制度改革，是完善中国特色社会主义、完善国家治理体系、推进国家治理能力现代化的重要内容。

针对民生保障领域，全会通过的《决定》提出了建设和发展目标："增进人民福祉、促进人的全面发展是我们党立党为公、执政为民的本质要求。必须健全幼有所育、学有所教、劳有所得、病有所医、老有所养、住有所居、弱有所扶等方面国家基本公共服务制度体系，尽力而为，量力而行，注重加强普惠性、基础性、兜底性民生建设，保障群众基本生活。创新公共服务提供方式，鼓励支持社会力量兴办公益事业，满足人民多层次多样化需求，使改革发展成果更多更公平惠及全体人民。"另外，强调完善覆盖全民的社会保障体系，要求"坚持应保尽保原则，健全统筹城乡、可持续的基本养老保险制度、基本医疗保险制度，稳步提高保障水平。加快建立基本养老保险全国统筹制度。加快落实社保转移接续、异地就医结算制度，规范社保基金管理，发展商业保险。统筹完善社会救助、社会福利、慈善事业、优抚安置等制度。健全退役军人工作体系和保障制度。坚持和完善促进男女平等、妇女全面发展的制度机制。完善农村留守儿童和妇女、老年人关爱服务体系，健全残疾人帮扶制度。坚决打赢脱贫攻坚战，巩固脱贫攻坚成果，建立解决相对贫困的长效机制。加快建立多主体供给、多渠道保障、租购并举的住房制度"。

党的十九届四中全会《决定》关于民生社会保障发展的表述，进一步回应了党的十九大报告中所提出的"按照兜底线、织密网、建机制的要求，全面建成覆盖全民、城乡统筹、权责清晰、保障适度、可持续的多层次社会保障体系"要求，社会保障作为民生安全网、社会稳定器的重要作用进一步突显。我国社会保障制度体系建设是一项系统工程，社会保障的治理体系和治理能力建设也具有显著的系统性特征，其建设远非一朝一夕之功，应当秉持公平与效率相协调、权利与义务相统一、政府市场社会相协同的治理理念，坚持整体性治理、公平性治理、现代化治理的思路和逻辑，全面、深入、客观分析和应对当前我国社会保障制度中存在的问题和挑战。

考虑到我国社会保障改革内容纷繁复杂，制度体系建设和能力建设涉及内容广泛，下文将秉持小切口、大视角的思路，以“应保尽保”原则为分析目标，以基本社会医疗保险为分析对象，在新时代背景下详细阐释基本社会医疗保险制度“应保尽保”原则的范畴和内涵，并在分析“应保尽保”原则面临挑战的基础上，从制度参保等五个方面分析未来制度治理改革的重点方向。之所以选择“应保尽保”原则作为分析社会保障治理改革的重要切入点，主要原因有两个：第一，“应保尽保”是党的十九届四中全会《决定》中关于社会保障改革和发展的基本原则，这一原则对于当前和今后一个时期中国社会保障的发展全局具有明确的指向性和引领性；第二，“应保尽保”兼有发展路径和发展目标的双重特点：它既是中国社会保障发展的重要路径，即通过覆盖惠及更多人群、保障更高待遇水平，进而提升所有国民的生活福祉，同时，“应保尽保”也是社会保障发展的重要目标，是关于我国未来社会医疗保险发展结果的理想状态，人群全面覆盖、保障需求全面满足是基本社会医疗保险制度发展的理想情景和根本目标。

一、“应保尽保”原则的治理意涵解析

“应保尽保”原则，在社会保险事业发展过程中具有基本性和初始性的指向意义。在社会保险制度的发展初期，参加社会保险制度的人群范围较窄，为更快地促进社会保险制度覆盖全民，在这一时期往往会提及“应保尽保”。这一时期的“应保尽保”，往往指的是覆盖范围和覆盖对象的尽量广泛，所以，在中国基本社会保险发展的初期，“应保尽保”原则也经常被提及，此时的“应保尽保”本质上更多指向参保人数和覆盖范围，也就是通常意义上讲的“社会保险应当覆盖全民或全民参

保”。这一时期所强调的“应保尽保”，对于制度发展而言，更多意味着短期目标的含义，即社会保障制度发展的短期目标是所有国民都应当参加到社会保险中来，都应当得到基本社会医疗保险制度保障。这一时期的基本社会医疗保险制度“应保尽保”原则强调的是制度发展的数量特质，而并非制度发展的质量特质。

但事实上，当社会保险发展到一定程度以后，如果再去讨论“应保尽保”原则，其对应含义就已经不再是一个简单的覆盖范围或者覆盖数量的问题，而是应该逐步回归文字本身的含义，即“应保尽保”本质上是一个融合数量和质量的综合概念，具体来说，这一时期的“应保尽保”原则包含数量效应、质量效应和整体效应的维度和观点。我国进入中国特色社会主义新时代，高质量的社会保障制度成为我国社会保障制度发展的根本目标，高质量社会保障制度发展目标赋予社会保障“应保尽保”原则新的内涵，而且，这一原则中内嵌了人群维度、水平维度、空间维度和时间维度。换句话说，这一时期的社会保障制度是在人群、水平、空间、时间四个维度上都具有充分性和丰盈性的社会保障制度，也必然是高质量的社会保障制度，这也是我们当前所追求的社会保障改革的重要发展目标。所以，“应保尽保”应当包括四个层面的含义，其中，人群维度指的是覆盖人群范围；水平维度指的是保障水平，包括保障内容和对应的待遇水平；空间维度侧重于制度跨地域转移接续、异地报销结算、城乡地域待遇差异等方面；时间维度主要体现为制度发展的可持续性，强调制度的可持续性和基金风险的有效管控。

二、“应保尽保”治理目标的挑战分析

当前，“应保尽保”原则面临挑战，下文将从四个维度着手，逐一分析“应保尽保”原则面临的主要挑战。

第一，“应保尽保”的人群维度。自社会保险制度建立以来，我国社会保险制度逐步实现了人群方面的全覆盖，城镇职工、农村居民、城

镇居民逐步纳入现代社会保险制度覆盖范围。当前，我国已经形成了城镇职工保险、城乡居民保险并存的保险格局，从人群对象范围来看，已经基本上实现了全面覆盖。

但是，也应该看到，我国仍然有一定数量的国民没有参保，保险并没有完全实现全面覆盖。截至 2018 年底，参加全国基本医保人数为 134 459 万，参保率 96.36%，基本实现了全覆盖，但是，仍有不到 4%的国民没有参加基本社会医疗保险；同时，我国基本社会养老保险覆盖人数超过了 9 亿，仍然有相当数量的国民（特别是农村居民）没有基本社会养老保险。不仅如此，现实当中还存在诸如参保中断等问题，参保的持续性和稳定性有待提升；同时，参保错位、重复参保等问题仍然存在，这些都影响了基本社会保险制度的全面覆盖。另外，在贫困人口“应保尽保”的基础上，贫困边缘人口、相对贫困人口的持续参保问题和保险待遇问题日益凸显，这也为后扶贫时期基本医保实现人群全面覆盖提出了挑战和改革方向。

第二，“应保尽保”的水平维度。从水平维度来看，“应保尽保”原则应当包括保障内容和保障水平两个层面，其中，保障内容主要指保险对应保障目标的范畴，以医疗保险为例，指的就是医疗保险所覆盖的诊疗服务和药剂范围，在现实中基本体现为三个目录；保障水平指的是在保险保障目标的范畴内，保险所能够给予的补偿水平，在医疗保险中，报销水平针对的也是在医疗卫生服务和药品的使用中，保险所能够给予被保险人的资金补偿。

从水平维度来看，我国基本社会医疗保险仍然面临不足和挑战。在保障内容方面，基本社会医疗保险应当保障哪些内容仍然存在较大分歧，缺乏共识。比如，社会医疗保险定位应当是“保基本”，但是，围绕什么是“保基本”，社会各方仍然存在一定分歧和争论，到底是保住院还是保门诊、保大病还是保小病、保治疗还是保预防，如何做出保障或是不保障的决策，谁来做出决策，按照什么标准做出决策，如何保证保障决策的科学性与合理性，如何平衡有限基金高效使用与社会伦理之间的关系，何种程度的罕见病可以纳入保障范畴，等等，都在困扰我国基本社会医疗保险的保障范围。此外，从报销水平来看，不断增长的医保基金投入与民众获得感不高的问题同时存在，也增加了社会对于基本医保保障水平的诟病，其中，城乡居民基本医疗保险的实际报销水平大概只有50%，低于政策报销比大约20个百分点。除了基本社会医疗保险保障水平不高的问题，我国还并存城乡居民医疗保险福利化的问题，主要是由于城乡居民基本医疗保险筹资结构不合理，政府财政在筹资结构中占比过高，这也导致整个居民医疗保险制度具有一定程度的福利特征，筹资水平和结构也必然影响待遇支付，筹资与待遇之间的矛盾一定程度上加剧了城乡居民医疗保险的制度可持续性风险。由于在城乡居民医疗保险制度整合过程中，部分地方政府存在过度承诺的行为偏误，也导致整个城乡居民医疗保险制度在近两年承受了较大基金压力，部分地方城乡居民医保基金出现了穿底，或存在较大的穿底风险，都给城乡居民医疗保险制度可持续发展带来了较大挑战。

第三，"应保尽保"的空间维度。从空间维度来看，"应保尽保"主要体现在三个层面，即医疗保险关系转移接续、异地医疗权益充分即时实现，以及城乡和区域之间医疗保险待遇统筹。由于我国医疗保险的举办层次相对较低，保险的统筹单元范围相对较小，这客观上形成了我国基本医疗保险制度区域碎片化的特征，保险的人群特征、地方统筹特征相互交织，形成了我国碎片化的保险制度格局，增大了保险制度的衔接、协调成本。碎片化的制度状况并不能适应当前人群流动、行业流动不断加快的现实，甚至一定程度上还造成了制度黏性，影响和抑制了正常的人口流动。保险的衔接困难在跨地域、跨险种流动时体现得最为明显，而且，不仅养老保险存在衔接与转移接续困难，医疗保险也存在一定程度的困难。由于我国在制度类型方面仍然存在小范围的公费医疗，同时，城镇职工医疗保险实行退休老年人不缴费等制度安排，制度间待遇差异和设计差别，一定程度上为制度衔接、整合带来挑战。考虑到现代社会的流动性特征，特别是我国存在大规模城乡流动人口，加之我国医疗卫生资源分布的区域不均衡，我国有大量的异地医疗需求亟待满足。保险制度应当与人口的异地医疗行为相匹配，突破现有制度碎片化的限制，实现更高层面的医疗保险费用跨地区即时结算。虽然我国异地就医结算改革加速，跨市、跨省结算也基本实现，但是在医疗保险实际结算过程中，异地就医即时结算仍然面临很多现实挑战和问题。此外，城乡和区域之间医疗保险待遇差异较为显著，加之居民医疗保险的定额式筹资方式，导致了筹资水平缺乏动态调整机制，职工医保与居民医保筹资水平的差距不是缩小而是逐步拉大，这也必然带来保险制度待遇之间的显著差异，两个保险制度进一步整合为统一国民基本医疗保险的难度也逐步增大。

第四，“应保尽保”的时间维度。“应保尽保”的时间维度，主要指的是医疗保险制度的可持续性，其核心是医疗保险基金支付能力的可持续性，其关键是处理好基本医疗保险筹资与待遇支付之间的关系问题。在新时代，医疗保险的可持续性问题日益凸显，本质是由于医疗保险待遇端的偿付需求不断提升，进而与医疗保险基金筹集、管理运营之间产生矛盾，矛盾在城镇职工基本医疗保险和城乡居民基本医疗保险当中都有不同程度的体现。特别是在城乡基本居民医疗保险制度整合以后，由于部分地区城乡居民医疗保险整合后，允许缴费就低不就高，待遇就高不就低，筹资端与待遇端的矛盾成为城乡居民医疗保险基金出现偿付风险的直接原因之一。当然，处理好基本社会医疗保险的可持续性问题，还应当重视医疗卫生服务供给体系的改革治理，让医疗卫生服务体系提供有质量保证且价格低廉的卫生服务，这也是当前我国医改任务的重要方向之一。

三、“应保尽保”与基本医保治理改革重点方向

由于医疗保险的特殊性，医疗保险自身运行会受到医疗卫生服务供给、药品生产流通的外部影响，在缺乏有效外部治理的条件下，医疗保险并不能独善其身。所以，医疗保险治理改革，应当具有综合性和整合

性特征，在新时代推进“应保尽保”原则及其目标的实现，需要协同推进基本医疗保险外部治理和内部治理，其中，外部治理方面要注意推动三医联动，内部治理方面主要是要推动基本医疗保险现代化和精细化。

（一）外部治理：基于系统与协同视角推进三医联动

不论是从基本医疗保险制度体系的运行目标来看，还是从基本医疗保险体系运行的实际制约因素来看，都应当将三医联动作为审视和推动基本医疗保险治理现代化改革的重要切入点。

如上文所述，医疗卫生服务体系和药品生产流通体系对于基本社会医疗保险体系平稳运行影响较大，基本社会医疗保险运行高度依赖医疗卫生服务供给，医疗卫生服务供给的质量、价格、可及性等因素，均会对基本社会医疗保险制度存续、运行效率产生关键影响。国家医疗保障局成立以后，中国基本医疗保险在推动战略购买方面取得了显著进展，特别是在药品集中招采领域取得了亮眼成绩，医疗保险覆盖的药品价格显著下降。但是，以公立医疗机构为主体的医疗卫生服务供给领域仍然存在较大的治理改进空间。医疗保险与医疗卫生服务供给之间的互动改革，是当前和今后一个时期我国三医联动的核心内容，显著影响基本社会医疗保险制度的治理变革。从这一视角出发的改革思路和逻辑，是站在系统治理和协同治理的视角，从三医联动的系统角度去看待基本社会医疗保险体系的治理改革，站在三医联动的系统格局下去考虑基本社会医疗保险自身的变革，及其与基本医疗卫生服务体系变革的协同互动。

从系统和协同治理改革的逻辑来看，今后基本社会医疗保险体系参与三医联动的重要着眼点包括两个关键层面：一是自身能力边界的清晰划分，二是三者协同互动的共识取得。基本社会医疗保险在推动三医联动过程中，既要尽力而为，也要量力而行，其关键在于科学、客观地界定自身的能力和责任边界。既要认识到基本社会医疗保险体系改革在整个三医联动中的积极作用，也要客观看待基本社会医疗保险的作用边界，不能夸大基本社会医疗保险制度的作用能力和范围。此外，保险方和服务供给方还应当在联动、互动的具体路径中取得共识、相向而行，特别是在双方都在推行大幅改革的背景下，要特别重视医保和卫健的部级协同，在具体改革方向和行动方面能够做到融合双方或多方主张，从而形成相互协同的改革主张。客观而言，当前医疗保险的治理改革逻辑与医疗卫生服务供给体系的治理改革逻辑仍然存在一定冲突和不适应，有必要进一步通过讨论和辨析统一共识，并在各自改革的具体路径和行动方面相互协调，这对于我国三医联动的协同推进至关重要。需要强调的是，如果缺乏医疗卫生服务供给体系的改革协同，医疗保险自身治理变革并不能带来我国医改的成功，基本社会医疗保险既是三医联动治理的主体，也是治理的客体，各项改革之间相互依存、相互制约，没有一个好的外部治理，基本医疗保险治理改革也必然无法独善其身。

（二）内部治理：积极推进基本医保治理现代化进程

在外部治理改革协同推进的基础上，基本社会医疗保险的治理重点仍然将集中于自身内部治理改革，通过不断完善基本社会医疗保险自身治理，进而推动医疗保险治理体系和治理能力现代化。推动基本社会医疗保险治理改革，关键在于推动基本社会医疗保险治理的现代化、精细化。下文将从制度参保、缴费筹资、待遇水平、支付方式、经办管理五个方面，来阐释如何推动医保治理体系和治理能力现代化。

第一，制度参保。从基本社会医疗保险制度体系的参保数据来看，我国已经基本实现了基本社会医疗保险全覆盖，但是，仍然有少数人群没有参加基本社会医疗保险制度，全面覆盖工作仍应继续推进。与此同时，我国还存在错保、漏保、重复参保等问题，基本社会医疗保险的制度参保治理亟待改革和完善。在制度参保方面，今后应着力建立起全生命周期、全就业状况的基本医疗保险制度的长效参保机制。当今社会，工作的流动性不断加快，各类新型、具有灵活性的就业方式不断涌现，传统依托单位的参保方式面临较大挑战，已经无法适应劳动者的就业形态和收入方式。所以，基本社会医疗保险的制度参保应当顺应变革，充分尊重劳动者就业状态的多样性和流动性特点，着力建立全生命周期、全就业状况的长效参保机制，充分保障各类工作状态的人群都能够稳定参保。

第二，缴费筹资。一方面，要解决好现有制度筹资中存在的一些制度设计局限，制度设计和框架局限已经成为影响我国基本社会医疗保险体系改革发展的重要原因。比如，可以讨论和改革职工医疗保险制度中退休老年人是否继续缴费的问题，这对于完善职工医保筹资制度，乃至增强整个基本医保制度基金的可持续性、制度间的公平性，都具有重要意义。另一方面，要高度重视城乡居民基本医疗保险的筹资挑战，讨论和解决好城乡居民医疗保险中政府和个人的筹资结构比例关系问题，逐步调整、优化二者在筹资结构中的比重，适度提高个人筹资占比，促进城乡居民基本医疗保险回归保险本质。此外，制度筹资的一个改革重点在于讨论和推动城乡居民基本医疗保险定额筹资方式，特别是如何建立城乡居民医疗保险筹资的自然增长机制，逐步改变当前城乡居民医疗保险定额缴费、依赖政府调整额度的筹资方式，逐步探索建立一个具有比例筹资特征和稳步筹资增长机制的新型筹资机制，这对于城乡居民基本医疗保险制度的稳健发展极为重要。同时，相应改革也有利于我国基本社会医疗保险制度整合为统一的国民基本医疗保险制度。此外，2020年，我国消除绝对贫困之后，如何在相对贫困的框架下继续建立基本社会医疗保险反贫困的长效机制，也包括在筹资中考虑相对贫困人群的筹资参保问题，是我国下一阶段基本社会医疗保险反贫困的长效机制的重要改革。

第三，待遇水平。一方面，基本社会医疗保险制度治理改革较为迫切的是在一些基本问题方面达成社会共识，比如至今仍然存在广泛争论的“保基本”问题。关于什么是“保基本”，社会各方目前仍然存在一定程度的争论，特别是在保大病、保住院、保大额医疗支出方面，仍然存在认识方面的差异。应推进各利益相关方在充分讨论的基础上进一步形成共识。达成对诸如“保基本”理念的共识，对于我国推进基本医疗保险治理改革至关重要。另一方面，还应关注基本社会医疗保险保障能力相对不足的问题，包括大病医疗保险在保大病方面的实际效果问题，以及多层次医疗保险体系形成保障待遇合力等问题，都是基本社会医疗保险制度待遇水平治理的关键议题。此外，基本医疗保险待遇水平治理也应防止制度依赖和福利陷阱问题。从治理改革的方向来看，应当高度重视避免保险福利化倾向，重视保险性质的回归。还应当高度重视缴费与待遇之间的协同性，要高度关注城乡居民医疗保险缴费水平和保险待遇之间的协调性问题，将权利与义务对等、缴费与筹资对等，作为基本社会医疗保险待遇支付治理改革的重要出发点。基本城乡居民医疗保险的地方治理者要高度重视制度的可持续性，避免过度承诺破坏了筹资与缴费之间的协调性，当前部分地区出现的城乡居民医疗保险基金穿底风险已经给地方治理失策发出了强烈警告。待遇支付治理改革成败的重要判断标准，就是待遇与筹资相协调基础上的基金可持续性。

第四，支付方式。当前，我国正处于基本社会医疗保险制度支付的大变革、大创新时期，各类支付方式和地方实践探索层出不穷，总的改革思路是加快推动复合式支付方式和精细化支付方式，包括积极推动DRGs等支付方式在医疗机构落地，同时积极推动按人头总额预付等付费方式在基层慢性病管理等领域的实施。建立一个更为精细化的复合式支付方式，改革当前较为粗糙的总额预付制度，避免总额预付“一付了之”的简化治理方式，通过支付制度的精细化、现代化改革，实现支付方式的现代化和精细化，提升基本社会医疗保险制度在三医联动当中的关键治理作用，进而推动整个医改工作稳步开展。

第五，经办管理。一方面，应继续完善现有基本社会医疗保险制度体系经办管理，提升现有经办管理体系的运行效率。通过重视经办管理体系的改革和发展，进一步提升经办管理效率，降低经办管理成本，为进一步推动社会化经办管理发展方向奠定基础。当前，我国基本社会医疗保险制度体系经办管理存在小马拉大车的问题，全国经办管理的任务多、负担重，而经办管理队伍规模小，能力也有待进一步提升，所以，当前应高度重视经办管理工作创新，重视探索社会化经办管理的改革方向。另一方面，要高度重视基本社会医疗保险统筹层次问题，也就是在多大地区和人群范围内实施医疗保险制度统筹的问题。考虑到治理成本和公平性问题，基本社会医疗保险的统筹层次并非越高越好，只有适度、适宜的基本社会医疗保险统筹层次才是合理、可行的。当前和今后一个时期，应当着眼于落实市级统筹，稳步推动省级统筹实现。不能盲目、过快地推动统筹层次提升，统筹层次的提升应当与医保经办和治理能力相适应，过高或过低的统筹层次都可能不利于基本社会医疗保险制度的健康发展，要避免出现统筹和监管上移、基层监管激励不足等问题。应当高度重视“互联网+”、大数据等治理工具的使用，重视技术治理在整体治理能力提升、治理现代化过程中的积极作用，通过技术治理大幅提升医疗保险体系的治理能力，降低监督管理等相应的治理成本，并为社会化治理改革奠定条件和基础。

The Code of China's New Governance: Toward the Modernization of System and Capacity

第八章

用党的十九届四中全会精神指导健康中国建设

8 用党的十九届四中全会精神指导健康中国建设

王虎峰

党的十九届四中全会是我们党站在“两个一百年”奋斗目标历史交汇点召开的一次十分重要的会议，明确了全面深化改革的总目标——完善和发展中国特色社会主义制度，推进国家治理体系和治理能力现代化。健康中国建设战略作为我国现代化建设的一个重要组成部分，与社会经济发展具有重要的密切联系，把握包括卫生政策在内的中国特色民生体系的发展脉络，深刻理解党的十九届四中全会有关健康中国建设的最新精神，对于进一步完善国家健康治理体系具有重要现实意义。

一、中国特色民生体系及健康中国建设战略的重要地位

（一）中国特色民生体系的形成

“民惟邦本，本固邦宁。”人民是国家和社会的基础，而民生问题是人民的根本利益问题。解决好民生问题，是实现国家富强、民族复兴伟大目标的重要基础和条件。民生思想既是串联马克思主义理论体系的一条重要线索，又是马克思主义理论体系的重要组成部分①。

近 100 年来，中国共产党坚持把马克思主义与中国具体实际相结合，开拓创新，创造了一系列关于民生的新思想、新办法和新路径，形成中国特色民生体系。在社会主义革命、建设和改革的每一个重要历史阶段，老一辈革命家在党的第一代中央领导集体、第二代中央领导集体和第三代中央领导集体的领导下，开拓性地解决党和国家面临的重大民生问题，推动社会不断进步和完善，中国特色民生实践和民生理论不断丰富完善。进入 21 世纪以来，民生事业快速发展，党的民生政策体系愈加完善。从党的十六大第一次将“民生”这个词写入报告，再到党的十七大、十八大逐步构建了以教育、就业与再就业、社会保障、收入分

① 李楠，周建华. 90 年来中国共产党解决民生问题的基本经验. 学术论坛，2011，34（5）：1-5.

配和医疗为主要构成的民生体系，党的十九大报告对此进行了进一步的丰富和完善，形成了教育、就业和收入、社会保障、脱贫、健康中国建设这样一个内涵更加丰富的民生体系，进而使得民生工程内容也更加丰富。包括医改在内的健康中国建设已经成为我国重要民生体系的重要组成部分。

（二）健康中国建设战略的重要地位

党的十八大以来，逐步提出了健康中国建设的战略目标，把健康中国建设上升为国家战略，把健康置于优先发展的位置。2016 年 8 月，全国卫生与健康大会在北京召开，习近平总书记出席会议并发表重要讲话。他强调，没有全民健康，就没有全面小康。要把人民健康放在优先发展的战略地位，加快推进健康中国建设。党的十九大报告在此基础上进一步提出了“人民健康是民族昌盛和国家富强的重要标志”的论断，提出“实施健康中国战略。要完善国民健康政策，为人民群众提供全方位全周期健康服务”。这是一个重大的标志，意味着健康中国建设战略是国之大计，各行各业、社会各界，都应将健康融入所有具体实践当中，将健康同各领域、各方面的工作相结合。健康中国建设战略具有更加深刻的内涵和更加重要的战略地位。早在 1948 年，世界卫生组织成立之初确定的《世界保健大宪章》中就给予健康明确的定义，即“健康不仅是没有病和不虚弱，而且是身体、心理、社会功能三方面的完满状态”。半个多世纪以来，世界卫生组织关于“健康”的定义不断拓展：1978 年，《阿拉木图宣言》提出了“健康社区”；20 世纪 80 年代，世界卫生组织倡导“健康城市项目”；2000 年，又提出“健康国家建设”，这些不仅适应了人们对健康的需求，更反映了健康治理适应全球治理变革的趋势①。

（三）国家治理与健康国家

在 20 世纪初，以亚当·斯密为代表的古典经济学派，提倡自由市

① 王虎峰．健康国家建设：源流、本质及治理．医学与哲学，2017，38（3）．

场，认为市场是万能的，反对国家干预，在他们看来，政府只须扮演好“守夜人”的角色。卫生制度和医疗保障作为工业化革命的产物，在20世纪初萌发，同时，医学的成就在沉重打击巫术的同时，也暴露了自身的局限性，社会医学应运而生。但是，1929—1933年世界性的经济大危机以及第二次世界大战，使得奉行自由主义的西方国家认识到，市场并不是万能的，也会出现失灵。人们发现“小政府”已不再适应市场需要，而是需要建立一个强有力的政府，承担更多社会责任。在此阶段，凯恩斯主义应运而生。政府为了应对市场失灵，开始投资兴办公共工程，建立社会保障制度，对失业进行救济等。这就意味着公共政策开始涉及卫生领域。到了20世纪70年代，石油危机和经济滞胀也宣布了凯恩斯主义的局限性，在实践中出现了政府的干预措施效率低下的问题。这一时期，世界卫生组织通过《阿拉木图宣言》，倡导“初级医疗保健”，并将中国的农村合作医疗树立为发展中国家的一个典范，可以看作是这一背景下的一个理性选择。20世纪80年代开始，为迎接全球化、信息化和知识经济时代的来临以及摆脱财政困境、提高国际竞争力和政府效率，西方各国相继掀起了以采用工商管理的理论、方法和技术，引入市场竞争机制，强调顾客导向以及提高服务质量为特征的新公共管理运动，认为政府应集中精力“掌舵”而不是“划桨”。与此同时，这些改革需求刺激了卫生政策和管理学的发展，美国里根政府大力推进的健康维护组织和英国撒切尔夫人政府进行的公共医疗系统内部的市场化改革就是这种思潮的产物。随着卫生政策和管理学科从社会医学中分化出来，人们对健康有了更加深入的认识，发现了经济社会以及环境对健康的多维影响作用，并由此提出了“健康城市建设”的倡议。20世纪90年代以来，以美国行政学家罗伯特·B.登哈特为代表的一批行政学家在对新公共管理理论进行扬弃的基础上提出了新公共服务理论。“新公共服务”强调政府的职能是“服务”，而不是“掌舵”；是为公民服务，而不是为顾客服务；是重视人，而不只是重视生产率；更加注重民主价值和公共利益。无独有偶，在健康领域，则是将健康当作一项优先的政治选题，联合国以及世界卫生组织倡导了“健康国家建设”运动，并将健康指标相继纳入“千年发展目标”和“2030年可持续发展议程”，健康国家建设的理念和行动更加为国际社会所接受。分析可见，健康国家建设的产生和发展，不是偶然的，在国际社会具有发展的基础、理论的支撑、时代的特色。

健康国家建设是社会治理的一个重要领域，促进健康考验的是现代化的治理能力。首先，世界卫生组织从界定“健康”定义开始，依次倡导了初级卫生保健、社区卫生、健康城市，干预影响健康的社会因素，最终提出将健康议题融入万策以及健康治理问题。随着认识的深入，人们发现个人健康无法脱离群体健康和集体健康，而集体健康的至高境界就是法律制度以及与之相适应的治理模式，这就是健康国家。其次，有学者提出了全球健康治理模式三要素：一是“解辖域化”，也即是跨地域合作问题；二是需要多部门角度考虑的问题，即跨部门合作问题；三是需要涵盖范围更加广阔的正式的、非正式的行为体问题，即专业和非专业、专职和非专职的问题[①]。针对健康治理的模式要素，世界卫生组织以及相关学者总结概括了健康治理的基本模式，由于影响健康的因素是多元的，如何组织资源进行应对就成为关键所在。在实践中，形成了纵向治理和横向治理两大模式：纵向治理是指与健康相关的从中央到地方的各层级之间的有效分工和合作，横向治理是指与健康相关的政府各部门之间职能的整合或者是协调和协同[②]。健康已经不能再就一个点、一条线、一件事单独来考量了，“合纵连横”是大势所趋。最后，世界卫生组织从20世纪90年代开始，多次在全球健康促进大会上，重点探讨了如何将健康议题融入万策问题、健康合作伙伴问题、公私合作问题等，其健康治理的思路清晰可见。实践证明，健康的最佳载体是健康国家建设，而健康国家建设的要义就是进行健康治理。

---

① DODGSON R，LEE K，DRAGER N. Global Health Governance. A Conceptual Review，2002，3（10）：80-108.

② 刘丽杭. 国际社会健康治理的理念与实践. 中国卫生政策研究，2015（8）：69-7.

二、党的十九届四中全会《决定》中关于健康中国的最新精神

2019 年 11 月 5 日，党的十九届四中全会《决定》全文公布。《决定》在第八部分提出，坚持和完善统筹城乡的民生保障制度，满足人民日益增长的美好生活需要。在健康领域，《决定》提出，强化提高人民健康水平的制度保障。坚持关注生命全周期、健康全过程，完善国民健康政策，让广大人民群众享有公平可及、系统连续的健康服务。深化医药卫生体制改革，健全基本医疗卫生制度，提高公共卫生服务、医疗服务、医疗保障、药品供应保障水平。加快现代医院管理制度改革。坚持以基层为重点、预防为主、防治结合、中西医并重。加强公共卫生防疫和重大传染病防控，健全重特大疾病医疗保险和救助制度。优化生育政策，提高人口质量。积极应对人口老龄化，加快建设居家社区机构相协调、医养康养相结合的养老服务体系。聚焦增强人民体质，健全促进全民健身制度性举措。

本部分内容以制度保障为全段引领句。此处谈及健康是从制度保障层面去说的，一般来讲顶层设计往往是制度性的，制度之下是政策，政策下是具体管理措施，所以我们去领会《决定》精神时，就要从制度设计的高度去看。对于这一部分的重要内容，主要做以下详细解读：

第一，“坚持关注生命全周期、健康全过程”。生命周期是一个被广泛使用的概念，其基本含义可通俗地理解为“从摇篮到坟墓”的整个过程。根据《〈“健康中国 2030”规划纲要〉辅导读本》的解释，生命全周期指“从胎儿到生命的终点”，即人的生命从生殖细胞的结合开始一直到生命的最后终止，包括孕育期、成长期、成熟期、衰老期直至死亡的整个过程，说明我国目前更加注重生命健康方面的人文关怀，在过去，卫生领域往往对新生儿、急性传染病比较关注，随着社会进步，我们慢慢对老年人、慢性病终末期、临终关怀投去重视的眼光，对生命的每一

个阶段都非常重视，这一点是全社会的进步。健康全过程，指的是预防、治疗、康复，无病防病、有病治病，关注健康全过程，更符合健康规律和疾病综合防治规律，《决定》将引领未来从这些角度来完善健康相关政策。

第二，“让广大人民群众享有公平可及、系统连续的健康服务”。这又是一个进步。对比 2009 年“新医改”方案和“十三五”医改规划，过去的提法是“公平效率”，现在是“公平可及”。“系统连续”也是第一次讲，过去讲“分级诊疗是连续性医疗服务”，现在是第一次讲“系统连续的健康服务”。“公平可及”是卫生健康工作的价值观，而“系统连续”是健康服务的具体实施标准，这二者一个是理念上的，一个是实践管理上的，互为表里，密不可分。

第三，“深化医药卫生体制改革，健全基本医疗卫生制度，提高公共卫生服务、医疗服务、医疗保障、药品供应保障水平”。值得体味的是，《决定》把“深化医药卫生体制改革”作为起始句，紧接着提“健全基本医疗卫生制度”。2009 年，“新医改”方案和“十三五”医改规划都是提“建立健全覆盖城乡居民的基本医疗卫生制度”，而现在是“健全”，说明自“新医改”以来，卫生健康体系已经有一定的基础，地基已经打好，现在是进一步完善。提高公共卫生服务、医疗服务、医疗保障、药品供应保障水平又是按照 2009 年“新医改”方案中的四个领域来讲的，说明将中国医改分为四个领域是有其内在逻辑，并经得起时间检验的。

第四，“加快现代医院管理制度改革”。单独说这句话，说明了现代医院管理制度改革这项工作的重要性，有必要专门点出来。医疗服务中包含公立和非公立的部分，现代医院管理制度也包含公立与非公立的医疗机构，现代医院管理制度改革是医疗卫生体制改革的枢纽工程，若顺利，将使整个医改工作上下贯通、井井有条；若做不好，则会使医改领域工作呈现“一团乱麻”的局面。

第五，“坚持以基层为重点、预防为主、防治结合、中西医并重”。2016 年 8 月 19 日，党中央、国务院召开新世纪第一次全国卫生与健康大会。会议提出了新时期的卫生与健康工作方针：以基层为重点，以改革创新为动力，预防为主，中西医并重，将健康融入所有政策，人民共建共享。《决定》则对新时期卫生健康工作方针几个重点问题进行了重申。和原句结合对比来看，略有不同之处有二：一是以“改革创新为动力”没有重复，《决定》里面已经讲了很多有关改革创新的内容；二是“共建共享”也没有重复，是因为《决定》是一篇关于国家治理体系和治理能力现代化的专题纲领文件，通篇体现了人民共建共享的思想。

以上部分是对有关健康重大制度和政策的明确和强调，以下部分是未来健康领域的重点工作。

一是要“加强公共卫生防疫和重大传染病防控”。这瞄准了当前人群健康面对的慢性病和传染病这两个最大的威胁；“健全重特大疾病医疗保险和救助制度”，则是要重点关注特殊疾病和关爱特殊人群。

二是要“优化生育政策，提高人口质量”。对于生育政策，没有再提“计划”，这表明我们党已经彻底转变了人口政策的方向、方式和方法。过去重点是控制人口数量，未来将逐步转为鼓励生育，提高人口质量。

三是要“积极应对人口老龄化，加快建设居家社区机构相协调、医养康养相结合的养老服务体系”。很明显这一点是和党的十九大报告一脉相承的，人口与健康问题一并论述。从中长期来看，医养康养相结合是养老服务发展的方向，是未来工作的重点，对此，党中央的目标是明确的。

四是要“聚焦增强人民体质，健全促进全民健身制度性举措”。这也是《决定》中一个全新的提法，全民健身制度性举措将会是未来我国一个重要的措施，从制度上保障人民提高健康水平的权利诉求，倡导全民健身。

三、用党的十九届四中全会精神指导健康治理

健康是民生幸福的基础，健康已经成为全社会的责任和义务，健康国家建设已经成为国策。2020 年春节前后，新型冠状病毒肺炎肆虐全

国，人民群众生命健康受到严重威胁，给我国社会经济带来巨大冲击，党和国家领导全国人民抗击疫情，白衣战士冲锋陷阵，健康问题的重要性和历史地位更加突显。虽然完全战胜疫情有待时日，深刻系统地总结经验和教训也应专题研究，但是结合已经发现的问题，加强健康领域的治理，提升治理能力的水平已变得迫在眉睫。根据我国既定方针，结合国际经验，在健康中国建设和治理过程中应把握以下几个要点：

（一）健康需要治理是基本的策略目标，能否达到预期目标关键在于治理的水平和程度

从世界卫生组织推动健康工作的脉络可以清晰地看到，健康工作就是动员全社会参与，纵向到底，横向到边，即所谓综合运用纵向治理和横向治理的经验，只有“合纵连横”才能对付健康的强大“敌手”。从“将健康融入万策”的角度看，健康不仅关涉一个个体的生活行为习惯，更重要的，也是一项制度安排和普遍性的政策，只有所有政策都体现和运用了健康理念，支持性的健康环境才能建立起来。健康问题不仅仅是卫生部门或者哪几个部门的事情，而是全社会的重要事情，在一些情况下，健康关乎国运，关乎命运，必须高度重视和认真对待。

（二）从治理方向上看，横向治理是关键突破口

在纵向治理上我们已经有了一定的基础，当前的突出问题是横向治理不够，很多健康政策出不了卫生系统的边界。横向不协同、纵向不顺畅的问题很突出，即便在系统内，在上下层级之间、不同地区之间，也多有不协调、不衔接之处，这就是学者提出的“解辖域化”问题，不打破这些关卡隘口，健康政策始终是“碎片化”和“补丁化”的，无法做到系统化和网络化。因此，建立政府部门之间的合作机制是当务之急，“打通关节”也是势在必行。难以想象如果缺乏系统性的合作机制，如何针对性解决影响健康的多元因素问题。

（三）政府、社会团体和市场机制的合理分工和搭配，是健康中国建设的必备条件

从政府职责看，第一是建立有利于健康的支持性环境。当前，空气、水、土壤的保护和食品卫生安全保障是重中之重，从中长期看，这也是健康基础的决定性影响因素。第二，抓紧研究制定健康领域的产业规划、行业标准和质量标准，健康无小事，缺乏规划和质量标准，宏观调控和加强监管就没有依据。第三，完善统计和信息披露，健康问题是居民都关心的问题之一，也是国计民生大事，应该根据社会发展节奏及时进行统计和信息披露。第四，抓紧建立适应新形势的监管体系，过去的监管条款、监管内容及手段，已经落后于现实的需求，应该抓紧制定和完善。在社会团体发展方面，要抓紧补上短板，14 亿人的健康问题，仅仅靠政府提供全部服务是不可能的。我国“健康类非政府组织数量较少、基础较差、参与国际合作少”①。响应世界卫生组织号召，借鉴国际经验，应该优先放开健康领域的社会组织发展，同时再造健康行业的原有社会组织机构。只有盘活这些资源才是推动健康国家建设取之不尽用之不竭的动力源泉。在发挥市场机制活力方面，重点是鼓励产业融合，规范竞争，充分发挥市场机制。将这三方面的力量有机结合起来，就可以产生巨大的能量，在产生突出公共卫生事件时，才能从容应对，健康国家建设就走上了可持续发展的快速路。

（四）以健康中国建设为增量，以增量带动存量改革，有力推动“五项制度”改革

国家明确了在“十三五”期间医改要重点建立“五项制度”，即分级诊疗制度、现代医院管理制度、全民医保制度、药品供应保障制度、综合监管制度。健康中国建设带动了整个健康领域的发展，同时也难得地撬动了“五项制度”改革。要把这两大任务统筹考虑，通盘安排，以

---

① 张明吉，侯志远，钱熠，等. 中国全球健康相关非政府组织的发展策略浅析. 中国卫生政策研究，2016，9 (11).

增量改革带动存量改革，“有堵有疏”“有保有压”“有进有退”，这样才能顺利完成各项改革发展任务。整合并优化配置卫生和社会服务各领域的健康相关资源，特别是结合药品生产流通使用的综合治理，应该有序转移产业布局、就业方向，鼓励和扶持高科技、新兴融合产业、新服务模式的创新发展。

（五）相应调整若干政策，助力健康中国建设的开展

坚持不懈地开展健康教育和健康宣传，提高居民的健康素养；根据人口健康需要，确定优先投入的领域和具备成本效果的干预措施；重新划分卫生健康领域的财权和事权，建立新的筹资机制；根据不同类别的健康机构重新确立财政税收和监管体系；挖掘中医药的宝贵资源，发挥药食同源的优势，提升食品行业的研发和生产水平；总结“药品代表行业发展”的正反两方面经验，在关键行业建立行业和人员准入标准，并探索建立行业自律组织；在卫生立法过程中，应厘清健康的责任分属，明确国家、社会、用人单位以及个人的权利和义务，推动依法治国。同时，将健康指标纳入政府工作绩效指标进行考核，做到同其他改革内容“同部署、同要求、同考核”，将健康中国建设的国策加以落实并取得应有的成效。

（六）从健康角度对社会经济因素进行调控，是当前健康中国建设战略实施的重要内容

新时期的卫生健康工作方针提出“将健康融入所有政策”，这是非常正确的，是与国际共识相一致的。具体应进一步落实在社会政策方面，对教育、就业、收入分配更加强调其公平、可及，这些因素中长期来看对健康有重大影响，当前实施的健康扶贫，同脱贫攻坚结合起来，有助于公平、可及的实现。同时，对生活环境的改善也非常重要，这包括空气、水、土壤等方面的治理。这些共识对我国当前的宏观政策也具有很强的指导性和针对性，应着力将社会经济因素、生活环境因素作为重点因素进行干预。

（七）更好地处理健康同医改的关系

由于影响健康的因素主要是社会因素，而医改重点针对医学因素，因此，未来关于健康的重点是要做更多的社会经济政策的调整和对人群的干预，医改更多的是做好对医疗卫生领域的改革，同时要注意两方的联动和协调。根据笔者所作《医改周期：基于 15 国百余年医改事件的结构化分析》，目前中国的医改已经由体制型改革转向管理型改革，而管理型改革与健康中国建设战略是紧密相连的，可以使二者之间有更好的衔接，实现联动和协同，因此我们要推动更多健康政策的操作空间和发展潜力。

（八）更加科学地把握质量和效率的关系

就卫生医疗系统发展来讲，根据文本分析的结果来看，关注度由高到低依次为公平、可及、质量、效率、反应性。虽然不同的国家在不同的历史阶段可能有所不同，但是其中也反映一定的规律。首先，在任何时候公平都应放在第一位，然后再根据具体情况依次解决其他突出问题。在全民医保已经实现、医疗服务可及性有很大改善的条件下，未来我国的医改最关注的可能依次是公平、质量、效率、可及和反应性。过去总讲公平和效率，这种提法可能在医疗领域不太合适，不管从国际经验还是从国内现状来看，质量应该是放在效率之前的。因此，狠抓质量是下一阶段的工作重点，不能因为效率牺牲质量。

（九）更加重视社会和个人在健康中的作用

就健康参与主体来看，政府是第一主体，受关注程度远远高于其他参与主体。“新医改”以来，我国政府不断强化筹资、规划和监管方面的作用，但是在社会方面关注度不够高，需要重点加强。具体而言就是要大力发展和充分发挥社会组织的作用，充分挖掘和动员社会力量，在基层构建促进健康的网络和基石。此外，需要进一步加强研究个人在健康中的作用，完善政策。健康既是权利也是义务更是责任，目前政策普遍强调了居民、患者的获得感，但是对责任和义务提及不够，同国际共识有明显的差距。未来在立法和宣传上还要追求发挥个人作用的完整性，将权利、义务和责任结合起来，这才是符合国际共识和发展规律的做法①。

健康中国战略是一项艰巨复杂的长期系统工程，“新医改”启动以来，通过一系列有力的改革措施，人民群众看病难、看病贵等问题得到了一定程度的缓解，但也要清醒地看到当前医改存在的一些矛盾和问题：医疗资源配置“倒三角”问题；中心城市大医院“虹吸”患者现象虽然有所遏制，但并未完全解决；公共卫生领域治理薄弱，风险迭出。落实各种强基层举措，让基层医疗卫生机构人才留得住、用得好是当务之急，公立医院改革探索应更加精细化，改革措施应更具体更有可操作性，改革路径与模式应更加规范，政府监管要到位，同时人事薪酬改革要放权，真正把医院建成科学、高效、精细、充满人文关怀的服务机构。随着我国基本医疗保险制度实现全覆盖，医保管理服务水平和基金的使用效率有待进一步提高。支付制度是医疗保险机构控制费用的重要手段，要把支付制度改革作为医保管理体制机制改革的关键抓手来大力推进。将支付方式改革与分级诊疗、公立医院改革相衔接，确定适应不同层次医疗机构、不同类型服务的支付方式，探索总额预付、按病种等多种支付方式。基本药物制度不能替代整个药品生产流通体制，要激励新药创新、产业升级、重塑药品产供销完整生态链。重构药品生产流通秩序将是一项长期的艰巨任务。“互联网＋”、基因诊断等生物新技术的出现，需要建立全要素、全流程的长效监管机制。

随着小康社会全面建成，人民生活水平将大幅提高，多层次、多样化的健康服务需求将进一步增长。健康中国建设要求我国卫生医疗工作要从以治病为中心转变为以人民健康为中心，未来医改更

---

① 王虎峰．全球健康促进30年的共识与经验：基于全球健康促进大会宣言的文本分析．中国行政管理，2019（12）：126-132.

要重视方案的制定、配套措施的实施和政策的落实，更加注重提高效率、保证质量，横向治理与纵向治理相结合，着力打造有利于居民健康的社会环境，为提高人民健康水平、服务健康中国建设夯实基础①。

① 潘锋．七十年医改攻坚路，以人为本探求世界难题：访国务院医改专家咨询委员会委员、中国人民大学王虎峰教授．中国医药导报，2019（24）：1-6.

The Code of China's New Governance: Toward the Modernization of System and Capacity

第九章

共建共治共享：新时代社会治理的中国方案

9

共建共治共享：新时代社会治理的中国方案

孙柏瑛

一、治理目标：社会治理中国之治的愿景

党的第十九届四中全会做出《中共中央关于坚持和完善中国特色社会主义制度 推进国家治理体系和治理能力现代化若干重大问题的决定》（简称《决定》），从国家战略发展的高度，提出国家治理体系和治理能力的若干重大问题。社会治理作为国家治理体系的重要组成部分，承担着保持社会稳定、维护国家安全的重大使命和任务，是人民安居乐业、社会安定有序、国家长治久安的基础。社会治理关乎国家与社会关系秩序的建设，关乎国家有效整合与社会充满活力之间的有机平衡。社会治理质量成为检测、衡量国家治理能力的关键指标。

《决定》在总体上规定了我国社会治理的基本原则、体系保障、主要任务以及治理目标，明确“谁治理”、“依何治理”、“治理什么”和“怎样治理”的问题。第一，《决定》提出一个新的社会治理概念框架，即建设人人有责、人人尽责、人人享有的“社会治理共同体”，依循党的十八大以来共建共治共享的治理原则，进一步丰富了新时代中国特色社会主义国家治理的内涵。第二，增加社会治理体系构成要件。在保留原有党委领导、政府负责、社会协同、公众参与、法治保障治理体制的基础上，增加了“民主协商”“科技支撑”的表述，说明基于已有治理实践，突出创新我国社会治理路径、促进治理方式转变的意涵。第三，规定新时代社会治理跟进的主要领域。将利益调适与冲突化解、社会治安防控、公共安全与应急处置、基层社会治理、国家安全体系建设五项重大任务作为社会治理的主要内容，聚焦于社会转型、变迁过程中产生的社会问题，致力于通过社会利益调适、社会行为规制、社会力量发动，重建我国社会治理秩序。第四，阐述社会治理的根本目标，即社会治理立足于“以人民为中心”，推动人民作为社会治理的主体。人民身处社会结构及其复杂交织的社会矛盾之中，是社会治理的亲历者。一方面，人民既是社会治理成果的受益者，也是社会行为规则建构的基本角

色，是治理秩序维系与建设的享有者；另一方面，更为重要的，人民作为社会治理的直接参与者，承担着治理主体的功能。在社会治理场域，如果无法代入公众参与，治理便缺失了其维系下去的社会基础。这充分体现了社会治理共建共治共享价值的必要性与重要性。

新时代，我国社会治理面对着多重压力，复杂的社会转型给超大型国家的适应性带来了极大挑战①，促使国家做出有效的回应，以构建良性的国家-社会秩序。与此同时，新时代我国社会治理把握着关键机会，这就是多元的社会治理主体获得了更多的认知和共识，共谋共治共存成为治理的基本观念。多元行动主体致力于打造你中有我、我中有你的治理格局，通过制度、政策与行动，让社会治理共同体运转起来。本文以社会多元共治的中国经验为主线，解读《决定》关于社会治理领域的精神内涵。

二、治理场景：我国社会治理的问题回应

我国社会治理概念提出及其思想发展，带有显著的本土与现实性特征，可以说，是对改革开放以来中国经济高速发展以及多重社会转型做出回应并寻求适应性制度的产物，具有探索自主性转型道路的鲜明时代烙印。中国社会转型处于全球化、工业化、城镇化、网络化叠加变迁的大背景下②，这使得社会治理领域呈现出一些明显的特点，并成为国家一个十分多元、异质而复杂的管理领域。

造成中国社会治理复杂性的诱因很多，包括治理环境、治理结构与制度、治理行为等因素，通常借由社会问题和社会公众的复杂性表现出来，从而导致社会治理的困境。从社会问题端看，显现出因社会快速变迁、多重转型所带来的社会治理难度。概括而言，治理问题本身具有结

① 李培林. 社会改革与社会治理. 北京：社会科学文献出版社，2014：190-197.

② 何增科. 中国社会管理体制改革路线图. 北京：国家行政学院出版社，2009：1-8.

构性、后置性、连带性、权利与利益相关性、矛盾冲突性和修复性等六项基本属性。社会治理以解决一定阶段的重大社会问题为出发点和导向，锁定问题性质发生的诱因、传导机制及其可能产生的结果，立足于解决问题，是基于问题—危机—理念的回应与治理驱动模式。透过多年来的社会治理过程，不难发现，社会治理问题多由经济转型、城市化进程加快、社会结构变化带来的利益分配格局改变而新型利益分配规则和决策机制缺失的结构性问题引发，是社会权利、社会利益关系的调整与社会福利政策变迁未能与一系列经济体制变迁同步跟进，协调、适配发展导致的结果。而且，治理问题与社会权利和社会利益关系的分配密切相关，常反映为比较强烈而分化、多元的利益或价值诉求，且围绕利益（权利）分配及损失补偿的规则，常诱发个体、群体乃至组织的不满、矛盾纠纷和冲突。为此，我国社会治理承担了在经济、政治、社会变迁中调整利益关系、化解矛盾冲突、建设公序良俗、形成公共价值、维护公共安全的重任。也正是鉴于经济与社会发展失衡的状况，党的十八大以来，习近平总书记格外关注国家治理体系以及“五位一体”总体布局的系统性、整体性、协同性。

从社会群体端看，经历了 40 多年的改革开放，在社会分层结构发生重要调整和信息技术加持的大背景下，社会公众从生活质量、精神要求到价值认知、行为方式已然改观，其主体尊严和权利意识不断提高，诉求的差异性、多样性日益增加，维权的行动力也更为突显。作为介入社会治理过程的主体构成，社会公众复杂的群体性特征，也给当今社会治理带来了很多挑战。首先，陌生人社会及其个体化、原子化特征。伴随城市化进程的加快，原有的熟人社会结构大幅消解，传统的人际关系网络被逐步替代，以职业为导向和以成就为取向的评价深刻改变了人与人之间的交往方式，形塑了个体化、原子化的生活状态。社会治理需要回答的问题是，应该依靠怎样的“黏合剂”来克服社会的离散与碎片状态，以形成社会的“有机团结”，重建社会共同体生活呢？其次，社会分层、利益分化与异质性、多样化的存在。与社会利益关系格局的调整相适应，社会结构变迁促成了社会利益分化，使得利益诉求及其表达出现分殊和多样化，公众需求呈现期望个性、差异、多元、品质等特征。社会治理需要在复杂的多样性中寻求利益分配与利益整合的公平机制，保障基本社会福利的供给。再次，主体观念与权利意识的张力。改革开放向市场与社会分权，释放了公众的主体观念，这激励了利益诉求表达的要求，但与此同时，公众在公共领域中的行为规范、权利主张与权责平衡关系尚未得到法治规范。如何形成有序有效的利益表达途径及传导机制，建立权利协调和利益整合制度，积极回应社会问题，是对社会治理能力的一大考验。最后，社会离散状态与社会治理的组织机制重建。与转型期社会分化与离散化程度相比，社会组织化的程度明显乏力，使得社会呈现利益与价值“碎片化”状态。在传统社会组织机制衰退之后，如何建立替代性的、定型化的国家-社会关系制度，有效组织、整合社会，调整社会关系，成为我国社会治理选择社会“再组织化”模式的重要问题。

中国社会治理面对复杂的治理环境与治理问题，这些复杂性迫使社会治理主体回应：在多样化的格局下，怎样让治理在自由与秩序、整合与活力、规管与自治、领导与参与等多元价值相互调适、得以平衡；怎样形成合作共治的制度及其运行机制，创造充分必要的合作治理条件，开发、调动多元主体的参与动能，立足共识，同舟共济，共商国是，共同解决问题；等等。新时代大国社会治理必须寻找具有自身特色的治理方案。

三、理论反思：超越“二元对立”的我国社会治理观念

综观我国社会治理理论与实践发展近 20 年间的观念，对于理解今天我国社会治理道路与模式选择非常必要，有助于突破原有理论思维及其逻辑局限，寻求治理创新之路。21 世纪初，社会治理研究在国内理论

界兴起并成为“显学”时，学界多是在国家-社会关系的理论框架下分析中国社会治理转型过程以及社会力量的勃兴。由于受到古典社会学分析方法、“社会中心主义”理论以及自由主义思潮的较大影响，在引入的相关规范性理论中，较多参照的是欧美国家现代化发展进程中的经验，同时，在“西方本位”的视角下审视清末以来中国国家-社会关系的多次演化、变迁历程，解释不同时期中国国家-社会关系的基本特征以及机制逻辑。由此，对中国国家-社会基本结构及其互动关系的判断多少存在先入为主的预设，从而对基于本土社会治理实践的构成要件与重要特征关注不够。

以往的国家-社会分析框架多将国家与社会看作二元对立的关系组合，非此即彼，它们之间充满张力，常常处于对抗状态。一方面，市民社会的成长必然以国家权力的收缩和后退为前提条件，社会力量扩展是与国家力量争夺权力的结果，国家与社会之间的力量对比是此消彼长的，故只有国家让渡权力，社会才能形成实质性的影响力。相反，国家权力增长会侵蚀社会的能力。另一方面，对国家与社会关系的刻画被总体化、抽象化和绝对化。要么将社会看作是在抗衡国家，防止国家绝对权力的力量，要么将国家看作是管制社会无序状态的利器。而忽视国家与社会在治理领域中观或微观层面的复杂互动关系与关联机制，便难以解释在不同公共事务领域国家与社会所发挥的作用及释放的能力。因而，不能以具有意识形态化的“应该怎样”的理论思维替代真实世界的“是什么”的问题①，对于国家-社会关系的观察还需要深入经验层面，发现更加细微的运行机理与多样化治理形式，评估其治理绩效，从而增进对国家-社会复杂关系行为的认知。

与此同时，新公共管理运动以降，在新自由主义的浸淫下，倡导“小国家、大社会”的观念，“去国家化”成为一种时尚。彼时，国家在经济、社会生活中的功能、作用及能力被低估甚至轻视，国家被描述为

① 顾昕. 当代中国有无公民社会和公共空间：评西方学者有关论述. 当代中国研究，1994 (4)：27-49.

缺乏正当性、官僚体制效率低下的存在。然而，一批“重新找回国家”的“回归国家学派”研究者，发现国家不仅具有超越利益集团的独立性和自主能力，使自身成为代表公共权威的行动者，而且国家实际上嵌套在人们的社会生活中，除强制工具外，国家可以通过赋权、协商、嵌入、形塑、整合等多种形式构造与社会的关系，形成兼有服务、管制和合作的多种治理模式。正如波兰尼所言，“历史其实是与社会变革相适应的，国家的命运也直接与它变革过程中所扮演的角色相关。这种共生关系长久存在于事物的本性之中”①，国家-社会关系正从零和的二元对抗形式向多元行动主体积聚共识、彼此协作的方式转变，通过相互赋权、合作共治，谋求走向强国家-强社会的治理形态。

新时代我国社会治理的基本结构是国家主导的、多元主体参与的、多种政策工具协同的复合治理模式，其理论出发点是政党—政府—社会之间的良性互动，并建构“社会治理共同体”。因此，我国社会治理的理论需要论证、说明“社会治理共同体”形成的环境条件、价值理念、目标依据、制度设计、主体间角色、权责关系、运行机制、行动模式，解释合作共治的制度化基础。特别要关注在增强国家治理能力的同时，国家如何适应社会多样化场景，以开放性的心态形成开放的公共治理空间②，致力于制度创新，激发社会的活力及其参与意愿，拓展社会利益表达和社会力量吸纳的渠道，探索政社互动与协同治理的方案，为社会治理理论提供多元共治的中国经验和中国方案。

四、整合式共治：我国社会治理理论与实践的走向和路径

近20年来我国社会治理实践是在不断探索中逐步演化、发展的，

① 波兰尼. 大转型：我们时代的政治与经济起源. 杭州：浙江人民出版社，2007：23.

② 孙柏瑛. 开放性、社会建构与基层政府社会治理创新. 行政科学论坛，2014（4）：10-15.

从理念、目标到关注重点、功能布局和治理方式呈现了阶段性变化①。我国社会治理从单一目标走向多目标，从单一管控工具走向“多管齐下”，兼顾德治、法治、自治原则，是兼具核心价值规范、政治与行政嵌入、市场与企业介入、社会自治、智能技术逻辑的复合与联动的治理系统。党的十八大以来，社会治理领域在不断提高矛盾纠纷化解、增进公共服务供给和加强公共安全风险防范的基础上，大幅提升了社会治理过程的“再组织化”程度，即增强了党在社会治理领域的领导权和利益调适功能，尤其是在基层社会治理中，针对公众不断提高的物质、精神需求，面向社会治理问题及其矛盾，基于属地管理体制，建立并不断强化了“一核多元”的基层社会治理结构，政党、政府组织通过资源、组织、管理下沉的方式嵌入社会网络之中，构筑了政党领导、政府负责、多元主体力量参与治理的制度体系，共同治理社会领域的公共问题，这一体制可表述为颇具中国特色的“整合式共治”社会治理模式。

党居于社会治理体系的核心领导地位，是引领并统合多元利益诉求、聚合力量、整合碎片化结构并选择关键政策议题的支柱，在打造共建共治共享治理结构中具有特殊的功能与作用。从近年来的治理实践中可看到，党领导的社会治理多元共治模式是通过一整套完整的制度设计来实现的。党将自身的政治、组织建设与社会治理制度建设目标结合在一起。将社会治理作为党走群众路线和动员公众参与的空间和平台，把社会治理作为党的治理使命和任务，通过利益协调、服务供给、矛盾纠纷化解和社会组织互动等机制，党组织和党员有机嵌入现实的治理过程中。同时，党和政府作为“元治理”角色，以组织化为中轴，构建社会治理的“一核多元”结构，党处于居间的中心枢纽地位，以有为、担当，发挥“党建引领”的领导功能。

为实现对社会领域的领导力，政党利用其政治地位和组织化优势，承担五个方面的社会治理角色定位及职能责任，并运用多样、复合的治

① 孙柏瑛，蔡磊. 十年来基层社会治理中党组织的行动路线：基于多案例的分析. 中国行政管理，2014（8）：56-62.

理工具和策略履行其职能：其一是社会治理领域的组织嵌入者。政党治理嵌入社会网络中，以保持与社会资本的广泛而深入的联系，是我国社会治理的显著特色。为此，党采取了组织化嵌入、公职党员嵌入与服务合作嵌入等多种方式触及基层社会。党的组织系统通过组织设置下沉并全覆盖现实的社会空间和虚拟的社会空间，将组织建设在各类单位或辖区中；组织挑选具有较高思想政治觉悟、理论政策水平和能力素质的政府公务人员、人大代表、政协委员等党员群体，进入基层社会治理领域担任领导职务；通过增强对新经济组织和新社会组织（简称“两新组织”）的服务职责的功能转型，引领“两新组织”发展，促成彼此合作。其二是精英吸纳与社会资源的动员者。党通过其体制性吸纳，即通过行之有效的制度设计和方法策略，将现代化进程中出现的“两新组织”和新阶层的精英人士纳入既有的体制中，使其为体制所用，进而以吸纳为基础，动员、汇集各类社会资本，整合社会资源，服务于社会治理需要。其三是多元利益协调与整合者。面对分散而多元的利益及其矛盾纠纷，党发挥着居间协调斡旋的功能，运用共商组织平台和协商议事机制讨论公共问题，达成共识。同时，党在倾听各方声音的基础上，整合各种利益诉求，将重大、关键的公共议题上升为政策议题，最终形成治理政策。其四是公共事务治理参与的倡导者。党通过倡导公共治理的议题，推动利益相关人参与政策的制定和执行。在多方参与过程中，党作为倡导者，可以提议创制公共生活普遍关注的政策议题，搭建治理主体互动平台，推动议事规则形成，促进有效的公共参与工具应用。其五是文化价值观的引领者。价值观作为意识形态和文化的核心，具有整合、同化、规范社会群体心理和行为的功能。党的价值引领提供政党自身推崇的价值标准引导公众的价值判断，以期形成社会的价值共识，进而动员、整合社会群体朝既定目标行动。共治通过整合实现利益诉求，汇集治理力量和治理资源。

与此同时，整合立足于促进共治基础的形成。党和政府对社会治理的引领目的在于推动社会多元共治制度的形成及运行，就是说其目标是让“社会治理共同体”运转起来，同心协力，面对社会治理领域的问题。在“一核多元”的框架下，打造多元共治的治理格局势必要求确立集体共同行动的责任以及规则，为社会资本的参与建立制度化的保证。第一，政党、政府坚持“以人民为中心”，拥有开放、务实的精神和态度，在“社会治理共同体”中担当引领、服务、聚合民意而非控制的角色。政党领导、政府负责是共治制度的关键，甚至是前提。领导和负责不应理解为包打天下、包办代替，有所为、有所不为，谁该所为、所为什么，给市场组织、社会组织、自治组织让渡集体行动的空间，对于构建共治制度至关重要。政党、政府要“以人民为中心”，基于公共利益的考量，发现并区分关键社会问题，形成分级分层解决问题的责任系统。在治理过程中，党和政府应以开放、平等的态度，与多元治理主体共同讨论、商议，招揽社会人才参与，为社会治理出谋划策，促进多种合作机制的形成。第二，有效运用多元主体治理力量及工具的优势，并以基本制度做保证。“多管齐下”是我国社会治理的一个重要特色，常归于“齐心协力”“齐抓共管”，但这带有运动式治理的特征。向多元主体合作共治的转型，一方面，要通过目前习惯的动员或说服模式来驱动多元主体参与治理；另一方面，需要认识不同治理主体介入治理的优势及缺陷，在运用市场组织、地方社会资本、社区自治体力量时，充分发挥其能力和优势，并建立制度平台，促使多元主体分享治理信息和治理资源，共享治理成果。第三，赋权增能，撬动社区的自主性，不断拓展基层社区自治的空间。要解决公众在基层社会治理中的冷漠感、无力感、无助感，就必须赋权社区居民自治组织系统，以自下而上的政策倡导过程，让它们运转起来、真正组织起来。社区自治体承载着社区居民的代表性，它组织和代表居民利益，增强居民对社区利益与自身利益相关性的意识，向政府提出社会治理问题和要求，并通过协同、协商和契约与政府共建社区家园。总之，只有多元治理主体认同参与是有公共价值的，让每个主体树立治理信念，社会共同体秩序才能变得更好，才能践行人人有责、人人尽责、人人享有社会治理的多元共治宗旨。

The Code of China's New Governance: Toward the Modernization of System and Capacity

第十章

激发基层社会活力　构建"社会治理共同体"

10

激发基层社会活力
构建“社会治理共同体”

魏　娜

新中国成立 70 多年来，经济快速持续发展，人民生活水平稳步提高，尤其是改革开放以来，伴随着巨大深刻的社会转型，基层治理不断迎来新的挑战。基层社会作为广大民众社会生活的空间，是实现国家政治统治与社会管理的基础。而今中国特色社会主义进入新时代，人民群众对美好生活的需要日益广泛，不仅对物质文化生活提出更高要求，而且在民主、法治、公平、正义、安全、环境等方面的要求日益增长。如何更好更快更精准地回应民生新需求、满足群众新期待，是新时代对基层治理的要求。党的十九届四中全会通过的《中共中央关于坚持和完善中国特色社会主义制度　推进国家治理体系和治理能力现代化若干重大问题的决定》（简称《决定》）提出的"建设人人有责、人人尽责、人人享有的社会治理共同体"为基层社会治理的推进提供了理论和实践指南。本文追本溯源，探讨在中国语境下如何理解"社会治理共同体"，如何激发基层活力，推动"社会治理共同体"的构建，从而实现"共建共治共享"的社会治理新格局。

一、"社会治理共同体"内涵的界定

"社会治理共同体"作为社会治理领域提出的新概念，如何科学准确地界定和把握其基本内涵，需要从理论渊源和政策文件中分析和解读。

（一）"共同体"的概念

对于什么是"共同体"，古今中外的学者基于不同的时代背景和学科差异，从不同角度进行了阐释：西方理论中的"共同体"概念主要源于亚里士多德，他身处古希腊从野蛮走向文明、从部落制度走向国家制度的背景，从城邦政治的角度认为"共同体"是"为达到某种共同的善的目的而结成的关系和团体"，即"政治共同体"（political community）[①]；

① 亚里士多德. 政治学. 北京：商务印书馆，1965.

而第一次正式提出“共同体”这个概念的是德国社会学家费迪南·滕尼斯，他在1887年发表的《共同体与社会：纯粹社会学的基本概念》中探讨工业化带来的社会变迁，提出“Gemeinschaft”（德文）一词，指任何基于自然意志的有机组织形式。他认为，“共同体”是指“那些有着相同价值取向、人口同质性较强的社会共同体，其体现的人际关系是一种亲密无间、守望相助、服从权威且具有共同信仰和共同风俗习惯的人际关系；这种共同体关系不是社会分工的结果，而是由传统的血缘、地缘和文化等自然造成的”①。尤尔根·哈贝马斯出生于二战时期，在其1962年《公共领域的结构转换》及1973年《合法性危机》中精辟地分析了市民社会当时所发生的重大变化及其后果，分析了市民社会特别是其中的“公共领域”的产生发展过程及功能，认为公共领域是由各种非官方组织或机构构成的私人有机体，为人们提供了讨论和争论有关公众利益事务的场所或论坛，起到了促进社会整合和增加群体认同的作用，为国家和政治子系统奠定了合法性基础。

马克思共同体思想，是在考察人类社会特别是对资本主义社会进行深入研究的基础上形成的。他从人类社会发展实际和历史趋势出发，把共同体划分为“自然共同体”、“抽象的或虚幻的共同体”和“真正的共同体”三个历史阶段和形态。实现“真正的共同体”②，使每一个人获得全面而自由的发展，是马克思不懈的追求。后随着城市化进程的加快，社会分工进一步细化，英国社会学家安东尼·吉登斯所言的“现代性”特征日益突出，其在《现代性的后果》以及《第三条道路》中提出“脱域的共同体”概念，他认为现代性的一个特点是远距离发生的事件和行为不断影响生活，并日益加剧③。

我国社会学家吴文藻、费孝通等人把英文“community”一词译为中文“社区”。20世纪20年代，中国社会学尚处在模仿或照搬西洋模

① 滕尼斯. 共同体与社会：纯粹社会学的基本概念. 北京：北京大学出版社，2010.

② 马克思，恩格斯. 马克思恩格斯选集：第2卷. 北京：人民出版社，2012：749.

③ 吉登斯. 现代性的后果. 南京：译林出版社，2000；第三条道路：社会民主主义的复兴. 北京：北京大学出版社，2000.

式的状态。吴文藻提出了“社会学中国化”，提出要研究中国国情，即通过调查中国各地区的村社和城市的状况，并倡导开展实地的社区研究，他在《社区的意义与社区研究的近今趋势》一文中首次对“社区”做出明确界定，社区乃是一地人民实际生活的具体表词，有实质的基础，是可以观察到的[①]。费孝通在他1948年出版的《乡土中国》中将英文“community”翻译为“社区”，与“社会”一词相对应，他认为“共同体是持久的和真正的共同生活”[②]。社区是一个互助合作、自我调解、高度自治的生活系统，具有满足居民经济、政治、文化、情感等各种需要的总体性功能的共同体。《乡土中国》中的社区几乎是共同体的同义语。

可以看出，共同体是带有历史烙印和社会需求的产物，要在具体的时空发展中去揭示其真实面目。比较以上学者对共同体核心观念的理解，在传统社会，共同体的形态是基于自然传承的风俗习惯而形成的相互依赖的情感共同体；在工业社会基于业缘和趣缘基础上的职业共同体和趣味同盟开始形成，并占据主导地位；现代社会是基于特定的任务或目标而聚集并展开共同行动的任务共同体或目标共同体。

（二）“社会治理共同体”的阐释

20世纪下半叶开始，西方国家政府管理在经历“市场失灵”和“政府失灵”的双重考验后，意识到单纯的政府和市场调节无法达到资源配置的最优化，治理理论即应运而生。西方话语中的治理，强调对传统统治和管理方式的创新和超越，主张公共和私人等社会多元治理主体对公共事务的合作治理。中国的治理是党领导下的人民对国家的治理，党在国家治理中发挥领导作用，人民在国家治理中发挥主体作用。党的十七大、十八大和十九大报告都明确，要“保证党领导人民

---

① 吴文藻．论社会学中国化．北京：商务印书馆，2010.

② 费孝通．乡土中国．北京：北京大学出版社，2012.

有效治理国家”。

“社会治理共同体”是党的十九届四中全会通过的《决定》中的关键词。《决定》提出，“坚持和完善共建共治共享的社会治理制度，保持社会稳定、维护国家安全”，“建设人人有责、人人尽责、人人享有的社会治理共同体”。“社会治理共同体”的核心关键词是“共建共治共享”和“人人有责、人人尽责、人人享有”。

“三共”治理理念包含主体上的共同建设、行动上的共同治理，以及成果的共同享有。“共建”是在党委领导、政府负责下，各类社会主体协商合作，充分发挥多元主体在社会治理中的独特优势和特殊作用，实现社会治理主体多元化，促进社会治理结构合理化；“共治”是将党总揽全局、协调各方的政治优势同政府的资源整合优势、企业的市场竞争优势、社会组织的群众动员优势有机结合起来，优化社会治理结构，促进多元主体协同治理；“共享”即所有社会成员共同享有社会治理成果，归根到底，打造“社会治理共同体”是为了不断满足人民对美好生活的需要，让人民群众共同享有社会治理的成果。

突出“人人”二字，强调的是“以人民为中心”。“人人有责”解决的是意识问题，转变政府包办的观念，强调人人都应参与到公共事务中；“人人尽责”解决的是行动问题，完善基层自治机制，调动起社会主体参与公共事务的积极性；“人人享有”解决的是结果问题，要通过完善公共服务体系，保障人人享有、人人满意。“社会治理共同体”的提出是我党针对当前社会治理问题进行研究的新视角，是对社会治理规律进一步认识深化的结果。在中国语境下，政府主导下的“社会治理共同体”建设是一项系统工程，受我国特定的文化、体制和发展水平等多重因素的影响，长期以来，一直具有强政府的传统治理色彩，在现实国家治理实践中，市场、社会、公民长期依赖、服从政府，除政府外其他主体参与公共事务治理方面主动性不足是建设“社会治理共同体”的短板，尤其体现在基层社会管理体制中。

二、“社会治理共同体”建构中基层治理存在的问题分析

“九层之台，起于垒土。”基层社会治理的状况直接影响整体意义上的“社会治理共同体”的建设。我国的基层组织形态架构是和城乡二元体制直接相关的，在城市主要体现为区政府、街道、社区（居委会）、业主委员会、社区社会组织、居民，在乡村主要体现为乡（镇）和村委会、农村社会组织、村民。其中既有政府机构（城市的区政府、街道和乡村的乡与镇），又有政府的派出机构（城市的街道），还有实际中带有浓厚“行政化”色彩的基层群众性自治组织（城市的社区居委会和乡村的村委会）。另外，有近年来城市小区里涌现的业主组织的自治执行机构——业主委员会，及城乡各类社会组织等等。它们在基层社会治理中的作用日益突显。伴随着社会转型，基层社会矛盾逐步凸显且容易激化，在城乡治理中主要表现为：

（一）基层工作负担过重与有责无权形成治理的困局

长期以来，国家在城市实施“单位制”和“街居制”，在乡村从“人民公社”到“村两委”，通过自上而下政治的、行政的动员和公共资源的不断投入，使党和政府的组织力量向下延伸和嵌入基层社会，行政吸纳社会并将社会包容进体制之内。单位制解体后，在改革开放的浪潮冲击下，各级政府不断加强属地管理，越来越多的管理事务下放，处在“压力型体制”中的基层政府（区政府、街道及乡镇）要完成上级下达的各项指标和考核，却由于人力短缺、授权有限，无法有效履行下达的任务，于是将目标进一步下压，将事务转移给作为基层群众性自治组织的社区和村委会。长期以来，有责无权、有事无钱、有劳无闲，是基层工作的真实写照。从“上面千条线，下面一根针”到“上面千把锤，下面一根钉”折射了基层治理面临任务繁多、人力有限、责任刚性的困

局。特别是在一些地方和部门的形式主义不断向基层延伸，大大增加了种种不合理负担，制约了基层治理的效能。特别是近年的基层工作中，痕迹管理被广泛应用，“凡事留痕，处处留痕”让基层不堪重负。如搞一次卫生清扫需要九份档案，诸如此类的过度留痕使基层疲于应对。同时基层属地管理变成了责任属地，但由于权力和责任不对等，基层没有权力来完成上级属下的任务，尤其是在一些技术性较强的领域，例如三防和安全，基层没有专业的力量来应对和实施，使得基层会出现“看得见的管不了，管得了的看不见”的尴尬局面。

同时，政府、街道（乡镇）的任务和要求又成为居（村）委会工作的指挥棒，来自上级的督导和考核使基层真正缺乏回应居（村）民利益的动力，基层自治难以真正实现。

（二）城乡二元结构和社会转型催生复杂多元的矛盾诉求

新中国成立初期，由于城乡结构的不同，快速集中资源推进工业化，逐步建立起了城乡分割的二元体制。在经济发展中随着市场资源和资本的“利城市”性，使得城乡差异日渐明显，虽然国家为了改变城乡发展不均衡局面实施了国家乡村振兴战略规划，但在一定时期，“大城市”病和乡村“空心化”依然并存。一方面，户籍管理制度在一定程度上制约了新兴的进城务工的农民享受均等的基本公共服务；另一方面，城镇化率的提高及流动人口的增加，基层的“熟人社会”淡化演变为“半熟人社会”甚至“陌生人社会”，对基层社会传统的管理方式提出了挑战。

同时，伴随着单位制的解体和城市住房制度改革，城市基层社会的生活和管理体制发生了巨大变化，尤其在住房市场化改革的深化中，业主和物业的矛盾逐渐成为基层社会治理所要面对的主要矛盾。新建商品房小区因产权和物业管理问题一触即发，维权现象比比皆是。老旧小区因为老化，没有公共维修资金，弃管现象屡屡发生，居民意见很大，给基层社会治理带来了巨大的压力和挑战。

总之，伴随着城镇化与社会转型的加快，基层社会矛盾日趋复杂化、多样化，且呈现出一个明显的特征，即涉及民生、民意与民情的矛盾与冲突频繁发生。

（三）政府与社会的责任边界不清，民众参与动力不足

长期以来，在基层社会管理中，政府扮演着全能型政府的角色，政府包揽过多的社会事务，从人力、组织、投入一条龙服务，处理社会事务往往成了政府的“独角戏”。公民有什么困难都是依赖政府，认为所有的事情都应是由政府管的。过去在单位制体制下，单位职工的生老病死都依托于单位，单位办社会使得社会的边界不清，公民的自主意识淡薄，组织化能力较弱。在市场经济条件下，公民拥有了获得生存和发展所需的资源、利益和机会的权利，获得了自由流动的空间。但由于长期依赖政府和单位，在社会领域区别于官方的居民有效参与的治理体制机制并没有真正建立起来。

目前我国基层的社会组织、自治组织发育极不充分，如业主委员会、志愿组织、乡村自治协会等，在现代基层治理网络中不能很好地发挥群众自我教育、自我管理、自我服务的作用，出现了基层群众一方面依赖政府输送资源，另一方面对基层的公共事务缺乏参与热情，基层事务“社区（村）干部忙得团团转，老百姓袖手旁观看热闹”的尴尬局面，责任感和参与的主动性都缺乏，成为“社会治理共同体”构建的难点。

三、激发社会活力，构建“社会治理共同体”的思路

（一）尊重基层自治权力，激发社会活力

创新基层治理，激发基层内生动力，是“社会治理共同体”的要求，是“共治”和“人人尽责”落到基层治理实处的具体体现。首先，

理顺条块关系、提高基层政府治理能力，为基层赋权。北京“街乡吹哨、部门报到”机制就是调整条块关系，强化属地政府的管理力度，从而明晰部门间的职责和权限，解决以往职能部门间各自为政、职责交叉不清的问题；同时以问题为导向，建立一套规范而实用的基层治理流程，将议程设置权放在基层政府，强化基层政府的治理能力。

其次，积极培育基层社会组织，推动社会治理主体多元化。社会治理要求主体多元化：有能力的政府、健康的市场、发育良好的社会组织。三者在社会治理中各有特点和优势，三方共同发挥作用是良好社会治理的基础。随着社会结构变迁和社会转型的需要，基层社会组织成为基层治理的重要力量，要积极培育其组织成长和能力建设。培育基层社会组织，首先培育其发现基层问题和基层资源的能力，然后鼓励其通过参与购买服务和公益创投等方式在实践中发展和壮大。形成在城市有居民委员会、业主委员会、各种志愿性组织，在乡村有村民委员会、村民小组、农村经济合作组织等为主体的基层自治体系，实行民主选举、民主决策、民主管理和民主监督，为辖区居（村）民提供专业化、社会化、差异化服务，进而全面构建起“以基层为服务平台，以社会组织为服务载体，志愿服务为有效补充”的基层治理新格局。

最后，以协商民主为核心，构造新型自治共治平台。政府和基层社会组织良性互动；整合居（村）委会和政府资源；协调居（村）民与居（村）民之间，居（村）民与居（村）委会、居（村）民与其他社会组织、居民与政府之间的关系；促进政府治理、社会调节、居（村）民自治在基层的和谐；拓展自治空间，逐步建立起以居（村）民自治为目标，以协商民主为核心的协商议事堂、流动小板凳等新型自治共治平台。

（二）尊重基层社会的复杂性和多样性，树立“和而不同”的治理理念

首先，要树立“和而不同”的治理理念。从哲学意义上理解，“和而不同”富有深刻的含义。“和”即统一、和谐，它是抽象的、内在的；“不同”是具体的、外在的。只有容“不同”，才能达到“和”的境

界。社会治理重心在基层，在当今社会的转型期，基层社会结构越来越复杂，基层治理问题和民生服务需求的多元化、复杂化和个性化使得基层治理越来越充满挑战，要建设“社会治理共同体”，就要秉持“和而不同”理念，不能搞统一模式化，要具体问题具体分析，充分尊重各个主体的差异性和诉求的多样性，构建“倾听—协商—行动”的治理机制。

其次，尊重不同的基层治理探索模式。面对日益繁重和复杂的基层社会治理任务，各地根据实际情况进行探索并总结出具有中国特色的基层社会治理经验，出现了基层社会治理的不同模式。如：北京的“街乡吹哨、部门报到”，在理顺基层条块关系，为基层赋权方面进行了有益探讨；上海动员社会各方力量实施“垃圾分类”，对城市的绿色发展进行了积极探索；深圳修订《深圳经济特区物业管理条例》，探讨构建政府、物业与业主之间共同治理机制；浙江的“枫桥经验”依靠群众化解社会矛盾；等等。这些有益的探索都是对基层社会治理的尝试，并且在一些地区取得了良好的社会效果。这些基层社会治理的不同模式可以用来互相学习与借鉴，但绝不能照抄照搬，搞“一刀切”。

总之，基层治理要考虑基层的多重差异性，允许探索适宜城乡不同经济基础和发展水平、适宜各地的模式，要分析基层问题的表现形式、重点问题、具体程度等方面的差异性，针对性地结合具体场景，综合运用法律法规、经济调节、行政管理、道德约束、心理疏导、舆论引导等多种手段，尽可能解决问题、化解矛盾。

（三）负责任的政府和有责任的公民构成“社会治理共同体”

“社会治理共同体”的构建要求各类主体树立和践行主体意识，尤其是“社会治理共同体”的主导者和受益者，即构建负责任的政府和有责任的公民。

对于政府而言，就是要“赋权”和“增能”并重。我国长期以来由政府主导基层体制，政府较好地承担了大部分责任，无论是政策的制定还是资源的投入，都有效提供了丰富的公共产品。然而，要实现良好的基层治理，负责任的政府不是对公共事务的大包大揽，而是要进行“权力下沉”，同时积极增强基层政府的能力建设。对于“权力下沉”，政府要坚持需求导向、问题导向、效果导向，划清政府与市场、社会的职能边界，赋予基层政府更多自主权，强化街（乡）服务功能，全面提升街（乡）政务服务效率和质量，切实增强人民群众的获得感和幸福感。同时，基层政府要强化惠民政策的真正落实，积极打通民众反映社会问题的渠道，搭建社会治理综合平台，引入市场参与和社会力量，为社会治理的“最后一公里”承担起相应的责任。

对于公民而言，就是要“转变观念”和“积极参与”。由于历史原因，我国的公民参与意识不够强，积极性普遍不高。首先要“转变观念”，认识到社会治理中公民的责任，让更多的公民了解到，只有参与基层事务，才能获得基层社会的和谐，个人的幸福感和获得感才会更持久。其次要“积极参与”，通过激发公民潜力，让每一位普通公民参与到决策过程中。一是要让公民积极参与小区事务，提高自己的自治能力。在现实生活中，通过参加村民小组和楼门组选举、民主协商、志愿服务等活动来培养参与意识和主人公责任感。二是要切实发挥居（村）委会引导民众参与自治的作用，反映基层民众的切实愿望和要求，获得基层群众的信赖与支持。搭建起政府与居（村）民良性互动的桥梁，将社会治理成果积极惠及全体民众。

综上所述，激发基层社会活力就是尊重我国基层社会的历史及其复杂性，运用“社会治理共同体”的理念，在党委领导、政府负责下，各类社会主体协商合作，积极提升基层社会组织参与度和社区居民的能动性，创造性地进行“以人民为中心”的基层社会治理。

第十一章

社会治理现代化的制度需求及行动路径

11

社会治理现代化的制度需求及行动路径

杨宏山

党的十九届四中全会通过了《中共中央关于坚持和完善中国特色社会主义制度　推进国家治理体系和治理能力现代化若干重大问题的决定》（简称《决定》），它聚焦于新时代国家治理的制度建设，系统地总结了中国之治的制度基石，并就若干重大领域的制度发展做出系统规划。社会治理是国家治理的重要方面，《决定》就加强和创新社会治理、推进社会治理现代化做出具体部署。《决定》提出，“坚持和完善共建共治共享的社会治理制度”，“完善党委领导、政府负责、民主协商、社会协同、公众参与、法治保障、科技支撑的社会治理体系”，“健全党组织领导的自治、法治、德治相结合的城乡基层治理体系”，“确保人民安居乐业、社会安定有序，建设更高水平的平安中国”。

推进社会治理现代化具有多个领域的制度需求，既包括整合行政组织和行政资源，提升基层事务的整体治理能力，也包括增进政府与社会对话，搭建共商共议平台，提升社会治理的协商民主性，社会治理还要发挥社区组织和居民的主体作用，调动社会力量及其掌握的资源，提升社区事务的自主治理能力。本文在分析城乡社会治理面临挑战的基础上，提出社会治理现代化的三个维度及制度需求，探讨推进社会治理现代化的行动路径。

一、城乡社会治理面临的挑战

（一）基层工作面临“有限资源、全面责任”的矛盾

改革开放以来，我国城乡基层组织体系发生了重大变迁。随着经济社会体制改革的推进和单位制的瓦解，原来由单位承担的社会管理职能被不断剥离出来，转由基层政府及其派出机关承接。在这一背景下，街道作为最基层的行政组织单元和公共服务载体，在城市基层治理体系中的作用显著提升。20 世纪 90 年代末，各地推进属地化管理，街道成为城市基层治理的重要行政主体，负责辖区内的党群工作、平安建设、城

市管理、社区建设等各类任务。

与街道承担的大量事务相矛盾的是，街道可支配的公共资源并没有随之提高。在市场化改革中，体制外的经济社会资源越来越多，基层政府直接支配资源的比例显著降低。再加上街道直接面向社区和居民，责任无法移交其他行政主体，在“条条领导，块块负责”的格局下，街道承担属地管理的第一责任，但其不具有行政执法主体资格，行政编制、财政资源和管理权力十分有限①。由此可见，基层行政组织的权责很不匹配，在开展工作中普遍面临“有限资源，全面责任”的行动悖论。

（二）社会治理面临“条块分割、协同不力”的问题

我国社会治理立基于一统体制下，上下级政府的机构设置遵循对口原则，形成了上下对口、纵向贯通的“蜂窝型”治理结构。地方行政组织既要接受“条条”领导，也要接受“块块”的归口管理。在实际运行中，“条条”具有较强的控制力，在资源支配中居于主导地位，上级部门的决策部署能很快得到落实；但横向壁垒较多，基层“块块”很难调动“条条”资源，导致一些跨部门问题难以得到有效处置。

具体就城市基层治理来讲，由于街道办事处直接支配的行政资源有限，不具备单独处理某些公共事务的完整权限，又很难调动其他职能部门，开展工作就面临着“条块分割、协同不力”的难题。社会治理具有系统性、整体性的特征，需要相关行政部门采取协调与配合行动。但是，在复杂的条块关系中，街道开展工作缺少有力抓手。街道机构处于基层一线，具备第一时间发现问题的条件，对很多事务却没有处置的能力；上级执法部门具有动员资源的能力，却难以及时识别问题，导致在基层社会治理中，“看得见的管不了，管得了的看不见”现象频繁出现。

（三）城乡居民的权利意识增强，对基层治理水平提出更高要求

伴随着社会经济发展和生活水平提高，城乡居民对社区环境和服务

---

① 杨宏山．赋权增能：首都城市基层治理的新经验．北京日报，2018-12-24（14）．

质量的要求也不断提高。此外，国家推进法治建设和国民受教育水平提高，使得社区居民的权利意识、参与意识显著增强，依法表达正当诉求、维护合法权益的能力明显提升。近年来，一些城市为提升公共服务的回应性，主动推进部门热线整合，设置统一的市长热线，将居民投诉的处置率、处置结果的满意度等指标纳入市政绩效评估体系，形成月度、年度绩效考核，激励公共部门切实做到“民有所呼、我有所应”，为居民参与基层事务治理提供了便捷渠道。居民投诉数量的增长，也对行政部门的回应性提出了更高要求。

社区居民对美好生活的向往与追求，是由无数日常的小事和具体的公共需求凝聚而成的。建设社区美好生活既有赖于国家公共服务体系的精准对接，还有赖于基层社会治理体系的完善，有赖于社会治理能力的提升。为实现“民有所呼、我有所应”的基层治理要求，更加精准地回应居民需求和提供公共服务，社区治理需要拓展公众参与渠道，构建社区事务的议事平台，注重听取不同方面的意见和需求。在基层事务的处理中，需要加强与居民的沟通和协商。

二、社会治理现代化的制度需求

《决定》指出，“构建基层社会治理新格局”，“实现政府治理和社会调解、居民自治良性互动，夯实基层社会治理基础”，“推动社会治理和服务重心向基层下移，把更多资源下沉到基层，更好提供精准化、精细化服务”，为推进社会治理创新提供基本路线。完善社会治理体系，既要协调政府内部的纵横权力关系，提高运行效率，也要激发社会活力，构建人人有责、人人尽责、人人享有的社区治理共同体。推动社会治理现代化涉及三个维度的制度需求：一是在党建引领下，推进整合之治，构建跨部门运作机制，促使各部门协同运作，形成合力；二是在政府负责下，推进协商之治，发展协商民主的制度安排，构建共建共治共享的平台；三是在多方参与下，推进规则之治，通过协商对话制定社会治理的基本规则，在社区规则的约束下，发挥业主组织、物业企业等多元主体的作用，完善规则主导的基层治理体系。

（一）公共部门间关系：推进整合之治

为破解社会治理面临的条块分割、基层执法能力不足的问题，需要进一步协调公共部门间关系，整合多部门的行政资源，提升基层执法的整体性、协同性和精准性。“整合之治”即在政治权威的主导下，在行政部门之间构建跨部门协作机制，提升公共服务的回应性、责任性和协同性。在中国制度情境下，党政关系是理解社会治理的重要维度，党组织在其中发挥黏合剂的作用，把不同的政府部门和层级黏合在一起，改进了做出某些事情所必需的合作①。在国家治理中，党组织的一个重要任务是运用国家机器实现有效的社会治理，推进社会进步和居民获得感的提升②。党的十九大以来，中国之治提出健全党委“总揽全局、协调各方”的领导制度体系，把党的领导落实到国家治理的各领域、各方面、各环节，推进各类国家机构协调行动、增强合力。

“整合之治”要求各级党组织在社会治理中发挥统筹作用，依托各级党组织，形成上下贯通、执行有力的跨部门组织体系，对各领域、各层级的公共部门进行整合，促使各部门间形成协调行动，形成党建引领的基层社会治理新模式③。具体而言，要坚持在党建引领下，推动社会治理重心下移，破除基层条块分割的状态，解决跨部门合作难题④。《决定》提出，要“继续探索实行跨领域跨部门综合执法，推动执法重心下移，提高行政执法能力水平”。近年来，针对执法力量过于分散、基层执法能力不足等问题，在问题倒逼下，一些地方政府主动推进执法机制创新，积极探索“整合之治”的运作机制。例如，北京市在街道管理体制改革中，将基层城管执法队转隶至街道办事处，以城管执法队为主

① 弗兰泽奇．技术年代的政党．北京：商务印书馆，2010：347．

② 林尚立．执政的逻辑：政党、国家与社会//复旦政治学评论（第三辑）．上海：上海辞书出版社，2005：7．

③ 刘建军．上海基层党建的新使命．中国社会科学报，2017-10-19（3）．

④ 杨宏山．赋权增能：城市基层治理的新经验．北京日报，2018-12-24（14）．

体，整合基层执法力量，构建了联合执法机制。公安、消防、交通、市场监管等部门安排专人常驻街道，由街道统筹协调相关执法力量开展联合执法，显著提升了基层执法能力①。内蒙古阿拉善盟针对地域辽阔、基层执法力量不足的现实问题，借鉴基层“全科医生”执行全科医疗的卫生服务理念，积极开展基层“全科式执法”试点。阿拉善左旗在城市管理局基础上，整合住建、市场监督、环保、水务、民政、交通等部门的行政执法权，形成“一支队伍管执法”模式。全科执法一般是以综合执法的形式处理常见的违法问题，根据不同领域的违法情况建立各自的执法档案。对于情况复杂、矛盾交织、难以处置的执法问题，基层执法队向相关行政部门汇报情况后，由具体负责机构安排专门执法力量进行处置。这些先行先试的改革探索，为推进城乡基层行政执法力量的整合积累了宝贵经验。

（二）政府与社会关系：推进协商之治

随着社会体制改革的推进，各类单位的社会服务功能逐渐式微，社区已经成为居民生活的主要空间场所。随着居民权利意识和参与意识的提升，基层治理需要发展协商民主的制度安排，构建多方参与的对话平台，各方在互动交流中集聚共识，彼此基于共识形成集体决策，并组织集体行动，形成共建共治共享格局。“协商之治”凸显了互动对话在公共治理中的价值，倡导通过平等对话、公开讨论、共同协商的方式制定公共规则，参与者都能够平等地听取不同意见，并在倾听和交流中调整自身诉求和立场。一般认为，当公共决策是通过公开讨论过程而达成，所有参与者都能自由发表意见并愿意平等地听取和考虑不同的意见时，这个治理过程就是协商民主性质的②。协商过程有助于学习各方知识，改进自身认知，是寻求共识的基本途径。

从具体的制度安排上看，“协商之治”为基层善治提供了可操作的

---

① 孙柏瑛，张继颖．解决问题驱动的基层政府治理改革逻辑：北京市“吹哨报到”机制观察．中国行政管理，2019（4）．

② 登特里维斯．作为公共协商的民主：新的视角．北京：中央编译出版社，2006：139．

行动路线。党的十九届四中全会提出，要“坚持社会主义协商民主的独特优势”，统筹推进基层协商以及社会组织协商，丰富有事好商量、众人的事情由众人商量的制度化实践。这表明协商民主被纳入社会治理体系中，成为新的价值导向。协商民主的本质是共识性决策，强调以平等对话取代单向度的行政命令。为此，政府部门有必要转变基层治理的角色定位，由“划桨者”转变为“掌舵者”，社区内部能解决的事情要尽可能交由社区处置，能够通过协商对话途径化解的矛盾就不通过管制和命令的方式解决。近年来，在城乡基层治理实践中，“协商之治”得到了越来越多的应用。针对城市社区物业管理面临的现实矛盾，北京市朝阳区推进党建引领物业服务企业和业主委员会参与基层治理机制建设。在街道办事处的指导和社区党委的引领下，试点小区成立业主委员会，构建社区事务共商共治平台，将社区居委会、业主委员会、物业服务企业、驻社区单位、居民代表纳入进来，形成“一核引领、五方共治”运作机制。在老旧小区引入物业服务，先对社区功能进行提升改造，然后推进建章立制工作，推动老旧小区从“失管”走向“共治”。对于社区自身无法解决的公共问题，公共部门再行介入，提供辅助支持，为“协商之治”提供补充，提升元主体共建共治共享的可持续性。实践表明，构建协商民主的运作机制，在互动交流中形成互惠性的制度安排，有利于提升社区自主治理的可持续性。

（三）社区共同体建设：推进规则之治

随着市场化改革的推进，城市社区呈现出复杂性和多样性特征。除了新建的商品房小区外，城市社区还包括安置房小区、保障房小区、老旧小区等多种类型的居住空间。不同社区对物业服务的需求和供给方式也具有差异性，商品房小区普遍由物业企业提供社区服务，很多老旧小区尚未引入物业服务公司，仍主要依靠公共部门提供基本的社区服务。因此，寻求社会治理体系的“万能药”是不现实的，以一套固定模式、统一标准的社会治理体系来要求不同地区、不同社区也是行不通的。在公共事务的治理中，并非只有政府化运作或私有化路径，多个行动者通过自主组织，自行提供规则和集体行动，也是实现公共资源有效治理的可行路径。人们可通过沟通和交往逐渐形成共同的行为准则与互惠的处事模式，基于信任、承诺与互惠的原则，形成解决问题的新的制度供给[①]。

如果说“协商之治”是过程导向的治理模式，那么“规则之治”则更加强调社会治理的实际结果。“规则之治”强调人们对规则普遍遵守和执行的重要性，一条由充分协商形成却没有人遵守的规则很快就会流于形式。规则形成过程的合法性是基础性问题，但规则能否得到普遍的遵守也是需要重视的，这就对规则的内容和形式提出了一定的要求。邓穗欣总结了推进规则之治的十项原则，分别是：（1）降低遵守规则的难度；（2）制定明确且容易理解的规则；（3）让非正式规则强化正式规则；（4）广泛建立遵循规则的社会期望；（5）执法公平合理，始终如一；（6）规则要对症下药，量体裁衣；（7）规则应由最接近于受影响的人的层级制定；（8）准备辅助机制，以便现行规则失效时具有替代方案；（9）具有约束机制，确保规则制定者和执行者能够遵守；（10）运用规则促使个人正确理解自我利益[②]。

当前，我国基层社会治理普遍面临着“有限资源、全面责任”的治理悖论。基层政权的行政编制和财政资源十分有限，无暇顾及辖区内出现的各种问题。在此背景下，构建社区事务的议事平台，推进社区治理规则建设，让居民参与的共同治理机制更好地运作起来，已成为社会治理制度创新的重要趋势。党的十九届四中全会提出，建设人人有责、人人尽责、人人享有的“社会治理共同体”[③]。改进基层社会治理的制度安排，要注重发挥社会力量的作用，基于相互信任、互惠规范和参与网络形成的社会资本，塑造契约精神，以居民共商形成的社区议事规则为基础，解决集体行动的困境，促使社区自主治理运转起来[④]。近年来，北

---

① 奥斯特罗姆．公共事物的治理之道：集体行动制度的演进．上海：上海三联书店，2000：144.

② 邓穗欣．制度分析与公共治理．上海：复旦大学出版社，2019：247-248.

③ 中共中央关于坚持和完善中国特色社会主义制度　推进国家治理体系和治理能力现代化若干重大问题的决定．人民日报，2019-11-06（1）.

④ 帕特南．独自打保龄球：美国社区的衰落与复兴．北京：北京大学出版社，2011.

京市海淀区上地街道积极探索基于社区民主协商的“规则之治”，取得了较好成效。在街道和社区党委的引导和支持下，2002 年，北京海淀上地西里社区部分业主自发组织集体行动，召开了产权人代表大会，选举产生了物业管理委员会（业主委员会），将业主委员会纳入社区治理体系。上地西里社区产权人通过集体协商，制定了《上地西里业主公约（管理规约）》《上地西里业主议事规则》《上地西里业主自治机构人员选举和罢免办法》《上地西里业主代表大会议事规则》《上地西里业主委员会工作规则》《上地西里物业管理委员会章程》等集体规约①。从 2002 年筹备业主组织迄今，上地西里业主代表组织走过了 18 年的“规则之治”历程。实践表明，这种在民主协商中形成的互惠性规则有利于调动多方主体的积极性，提升社区自主治理的可持续性。

三、社会治理现代化的行动路径

（一）行政整合与社会协商相结合

基于我国社会治理面临的现实挑战，本文提出三个维度的制度需求，即推进整合之治、协商之治、规则之治的制度建设。习近平总书记指出：“社会治理是一门科学，管得太死，一潭死水不行；管得太松，波涛汹涌也不行。”推进社会治理现代化，需要以解决实际问题为导向，着力固根基、扬优势、补短板、强弱项，大力发展合作治理、共同治理机制，积极探索自主治理机制，使社会既充满活力，又安定有序。

一方面，推进社会治理创新需要推进条块整合，完善公共部门间的协作机制。针对基层治理存在的“有限资源、全面责任”“条块分割、协调不力”问题，需要推进权力下放、资源下沉，推进社会治理重心下移，强化街乡的属地管理责任，完善党委领导、政府负责的制度安

① 郭卫建．上地西里小区业主代表大会实践//和谐社区 2018，北京市海淀和谐社区发展中心，2018.

排，构建跨部门整合与运作机制，进一步优化跨部门议事协调机制，提升基层治理的整体性、回应性和公共服务能力。另一方面，在政府与社会关系方面，要进一步完善民主协商、社会协同、公众参与的制度安排，注重发挥社会力量的作用，提高社会治理的社会化、民主化、协同化水平。随着我国社会结构深刻变化，利益格局深刻调整，公众的权利意识、参与意识显著增强，社会治理需要发展协商民主，构建包容多元主体参与的议事机制，增进公共部门与社会主体的互动①。社会治理是做人的工作，需要打破政府本位主义，涉及人民群众切身利益的事项，应多通过民主协商的方式解决，在沟通和对话中集聚共识，形成合力。

（二）顶层设计与地方试验相结合

推进社会治理现代化，既要总结社会治理的基本规律，通过自上而下的途径推进制度建设，完善国家安全体系，增强国家安全能力，健全公共安全体制机制，完善社会治安防控体系，发展多元化的矛盾纠纷调解机制，也要扩大地方自主权，支持各地根据实际情况开展政策创新，总结各地在实践中积累的成功经验，及时将可复制的地方经验纳入国家政策体系中。社会治理具有较强的情境性，有些经验在特定地区、特定发展阶段、特定环境中具有较强适用性，而在其他环境中的有效性则会下降。对于适用于特定地区、特定阶段、特定环境的社会治理经验，需要区分适用对象，有针对性地组织区域性、行业性、专题性交流活动，总结类似情境下的社会治理创新经验，提升经验学习的针对性和有效性。

观察社会治理创新的实践发展，很多成功经验都来自基层的创新性探索。例如，北京市针对基层治理面临的难题，推进“街乡吹哨、部门报到”和“接诉即办”改革，取得了很好效果，为化解“条块分割”问题积累了宝贵经验，得到中央领导肯定；北京市朝阳区针对居民对物业

---

① 杨宏山．协商+共治：构建社会治理新机制．半月谈，2019（23）．

服务的投诉较多的问题，在社区党委的领导下，搭建了居住小区议事平台，将社区居委会、物业服务企业、业主委员会、驻社区单位、居民代表等相关主体纳入进来，形成“一核引领、五方共建”运作机制，提升社区事务的协商民主和自主治理能力；内蒙古阿拉善盟根据当地社会治理面临的现实矛盾，政府提供政策支持、经费补助，引导农牧民组织起来成立草原“都贵楞”，成为一支巡防自治力量，为守护草原发挥了重要作用；浙江省桐乡市开展自治、法治、德治“三治合一”建设，将乡贤纳入基层社会治理体系，形成乡贤参与社会矛盾纠纷调解的运作机制，被中共中央政法委定位为新时代的“枫桥经验”。总结各地推进社会治理创新的典型经验，有利于增进政府间学习，促进成功经验的推广和扩散。

总之，推进社会治理现代化需要坚持行政整合与社会协商相结合，坚持顶层设计与地方试验相结合，充分发展协商民主，构建充满活力的“社会治理共同体”，形成基层社会治理新格局。基层政府及其派出机构拥有的资源有限，社会治理需要调动多元社会主体及其掌握的资源，建设人人有责、人人尽责、人人享有的“社会治理共同体”，确保人民安居乐业、社会安定有序。

第十二章

中国市域社会治理的方法论探索

12 中国市域社会治理的方法论探索

何艳玲

党的十九届四中全会通过的《中共中央关于坚持和完善中国特色社会主义制度　推进国家治理体系和治理能力现代化若干重大问题的决定》，在十八届三中全会提出的全面深化改革“总目标”基础上，以深厚的历史穿透力和时代感召力，提出了中国之治的“总体目标”，即坚持和完善中国特色社会主义制度，推进国家治理体系和治理能力现代化。中国特色社会主义制度在本质上指向的是通向更美好生活的一整套科学设计，而其生命力则在于各种鲜活的治理实践，以及治理实践背后的方法论，即中国之治的方法论。与方法或经验相比，方法论侧重特定行为的基本逻辑，具有更强的普遍性和可复制性。以下将结合党的十九届四中全会精神，从市域社会治理的视角阐述中国之治方法论的基本内涵。

一、城市治理是国家治理现代化的必由之路

改革开放以来，中国经历了规模最大、速度最快的举世瞩目的城市化进程。集聚是城市的基本性质，也是城市发展的主要原因。2015 年中央城市工作会议提出：“城市是我国各类要素资源和经济社会活动最集中的地方，全面建成小康社会、加快实现现代化，必须抓好城市这个‘火车头’”。城市自我增值优势及空间辐射作用使其发展优势不止被锁定在固定的一些城市，其效应被扩大并辐射至经济联系紧密的城市，因此中国城市发展一直呈现出服务国家发展战略、承载国家经济改革任务的特征，城市化也成为中国经济转型、经济增长的重要机制。

但城市发展具有两面性，并因此对市域社会治理能力提出了更高要求。一方面，城市能够促进经济增长，并获得规模红利，这是城市发展的意义；另一方面，城市规模扩大、人口增加的同时会带来以交通拥堵、环境污染与犯罪等为表征的拥挤性公共服务问题，这是发展可能带来的负面影响。规模性红利的获得（侧重发展）与公共服务供给（侧重治理）构成了城市治理的一体两面，并塑造着城市制度设计、政策设计

和城市政府行为，也在很大程度上影响着城市治理。

2019 年 11 月，习近平总书记在上海考察时强调，必须提高社会主义现代化国际大都市治理能力和水平。基于城市性和城市化进程，市域社会治理有诸多特有的维度。市场化创造和深化了不同社会结构的差异性，而城市化则从不同的角度改变社会结构。在城市化进程中，社会多元性、开放性成为社会的重要特质，特别是由互联网带来的城市零边际社会，正在重塑政治经济结构。信息的透明性和公开性加剧了社会扁平化。人人都是知情人，人人都有麦克风，人人都有发声权，社会结构发生重大变化。社会风险和社会冲突在城市化进程中越来越具有流动性。可以认为，市域社会治理的核心是就是管理集聚性、异质性和流动性；而如何应对风险和冲突的流动性挑战，建立更富场景性和理性导向的语言体系和传播界面，是市域社会治理的重大挑战。在此意义上，对中国而言，城市治理就是国家治理现代化的必由之路，市域社会治理也是社会治理现代化的必由之路。

二、中国市域社会治理的基本方法论

特定时期内的发展奇迹让中国治理在全球治理体系中的作用变得更为重要，在几十年的发展中，更多经验也得以积累，并形成了更普遍意义的启示。基于对中国市域社会治理实践的长期观察，我将这些启示概括为：党建引领、以人民为中心、社区行动和重新连接居民。在一定程度上，这些可以理解为中国城市治理乃至中国治理的方法论探索。

（一）党建引领

中国现代化属于后发外生型现代化，中国共产党是现代化的领导者和推动者。中国现代化进程中党的领导作用和角色，展示了政治文明复兴的新前景，也在为推动人类政治文明的多元化发展做出贡献。使命型政党的实质是研判社会基本矛盾，把握人民需求，提供与人民美好生活需求相符的高水平治理。

党的十九大报告指出："全党必须牢记，为什么人、靠什么人的问题，是检验一个政党、一个政权性质的试金石。"这突显了使命型政党的本质，即不是以权力为中心的政党，而是将人民至上和实现人的全面发展作为核心依归的政党。中国改革进程表面上看是不同矛盾性质的变化，实质上是政党使命的历史延续和对人民认知的持续发展（见表 12-1）。政党使命、基本矛盾、中心工作成为中国治理的三个关键概念，并建构了具有明显中国特质的改革逻辑链条。

表 12-1　改革开放以来的社会基本矛盾与政府中心工作

年份	基本矛盾	中心工作
1977—1981 年	人民日益增长的物质文化需求与落后的社会生产之间的矛盾	社会主义现代化建设
1982—1987 年	人民日益增长的物质文化需求与落后的社会生产之间的矛盾	以计划经济为主，市场调节为辅
1988—1992 年	人民日益增长的物质文化需求与落后的社会生产之间的矛盾	发展社会主义商品经济
1993—2017 年	人民日益增长的物质文化需求与落后的社会生产之间的矛盾	建立社会主义市场经济体制
2018 年至今	人民日益增长的美好生活需要和不平衡不充分的发展之间的矛盾	以人民为中心的发展

在市域社会治理实践中，使命型政党具体体现为党建引领，由此衍生的是基层党组织的双重属性：一是城市基层政权中的领导核心，即政治属性；二是城市社会建设中的人民代表，即社会属性。双重属性紧密相连。党是执政党，是领导核心，这是党组织的政治属性。以政党的组织化力量保证现代国家建设的社会主义方向，保证社会稳定，推动经济高速发展，完成政党的历史使命。同时，党恪守人民至上、实现人的全面发展这一宗旨，这是党组织的社会属性。在城市治理过程中，社会属性是实现政治属性的前提，也是关键路径。近年来许多城市的"党建引领"探索，意味着党的领导与实务工作在城市实践中密切结合的可能性和可行性，也意味着更能找到合适的市域社会治理"小切口"并提高整体治理效能。

（二）以人民为中心

从2015年党的十八届五中全会强调“必须坚持以人民为中心的发展思想，把增进人民福祉、促进人的全面发展作为发展的出发点和落脚点”，到党的十九大报告再次正式提出“必须坚持以人民为中心的发展思想，不断促进人的全面发展、全体人民共同富裕”，再到党的十九届四中全会“国家的一切权力属于人民”，以人民为中心的意义得以层层彰显。从改革开放之初适应市场到新时代以人民为中心，这是中国治理内在逻辑的迭代，也是治理价值取向的突破。以人民为中心作为一个内涵复合体，包括以人民为本、以人民为先、以人民为主等深刻内涵。

以人民为本，是指满足人民需求，特别是对美好生活的需求是发展和改革的根本任务。增长是手段，人民是根本；市场是手段，人民是目标。如果城市增长无法带来更美好的人民生活，这种增长是失败甚至是无意义的。以人民为本，重塑了城市增长方式，也塑造了市场经济的社会主义底色和中国特色。

以人民为先，是指在多种改革目标和任务冲突时，优先考虑人民需求。在信息社会，人民不是简单不变的实体，而是一切关系在其中同时存在而又相互依存的社会机体，是一个能够变化并且经常处于变化过程中的有机体。动态性、复杂性和需求的多样性与自我赋权成为当代人民的特点，他们对治理过程中的价值权重和优先顺序提出了切实诉求。因此，在多种价值冲突中做到“人民为先”，这不仅是政府理念上的变化，更是治理能力的深刻挑战。

以人民为主，不仅强调人民参与性，更强调人民主体性。人民的主体性在制度层面是非常清晰的。人民共和国的国家性质、社会主义国家的基本制度安排以及党的人民代表性，这意味着人民不仅是参与者，更是公共事务的合作者、建设者和决策者。而在互联网的环境中，人民的自我赋权能力大大增强，其主体性和自觉性也将得以更大程度深化。

习近平总书记指出，“城市的核心是人，为人民群众提供精细的城市管理和良好的公共服务，是城市工作的重头”。坚持以人民为中心的城市治理，不是把人只当作统计学意义上的人口来预测城市空间规划和公共服务配套措施，而是要以人的需要、感受和全面发展来安排好生产生活生态空间，既要从宏观层面推动产业发展基础设施、公共服务等资源更加均衡高效配置，也要从微观层面积极回应人民群众关心的教育、医疗、住房、养老、绿色开放空间、社区生活圈、城市安全等诉求，从而最大限度地实现空间布局的安全便利、舒适宜居、美丽有序。简言之，坚持以人民为中心的发展思想，以不断改善民生为发展的根本目的。

以人民为中心理念在城市的具体表现，是将城市空间变成人本空间。城市发展不再是无序地扩张和蔓延，城市治理者必须统筹城市与其他要素的关系，使城市规划、城市建设、城市设计成为“场所营造的艺术”。当下，“人民”已经越来越成为核心议题，这是多中心理论与协作性治理涌现的背景，也是诸多研究者呼吁要警惕全球管理主义对民主体制的威胁的背景。中国新时代以人民为中心的理念定位表明，市域社会治理如何基于人民需求回应市场化、全球化、信息化进程，已经变得越来越重要，并已经成为一场全新的城市公共治理变革。

（三）社区行动

从以人民为中心角度来看，城市的合适尺度就是社区。社区是家庭生活的核心，家庭生活在社区中得以开展，家庭关系在社区中不断变得亲密。家庭对每一个人来说都很重要，因而社区对每个人来说也变得重要。在当下中国行政架构中，社区是城乡社会基层行政单元，当国家治理重心转向时，社区治理就必然成为国家治理的起点和终点。政策设计高度关注和聚焦社区建设，这是改革开放以来特别是高速城市化以来中国市域社会治理的重要经验。

城市是复杂的，需要按照人的需求、感受、尺度以及社会关系来组织、建设和治理，注重邻里交往和场所感。社区是实现城市精明增长的关键，是一个敏感单元，是人民直接可感知的空间，能反映人民真实需求与不满，因而城市治理必须落在问题集中、居民敏感的社区。城市与社区的关系，本质上是发展过程中经济与社会的关系。一方面，城市作为经济发展的重要容器，其经济增长功能不容忽视，甚至在很长一段时间内被认为是城市最重要的功能。另一方面，城市是人民生活的家园，城市是文化、学习和商业等功能的综合。因而，城市工作作为一项系统工程，既与经济发展相辅相成、相互促进，又在确保城市持续健康发展的同时，满足人们对美好生活的向往。

中央城市会议提出的“统筹政府、社会、市民三大主体，提高各方推动城市发展的积极性”，要求三大主体同心行动，使有形之手、无形之手、勤劳之手同向发力。这一理念，是“推进国家治理体系和治理能力现代化”这一核心精神在城市工作领域的落实体现，是对市域社会治理提出的更高要求。因此，将社区治理作为城市发展的抓手、政党使命践行的重要场景，从最直接最敏感的社区治理问题着手，通过小尺度社区营造优化城市治理，也是中国市域社会治理的重要经验。广东、浙江、四川等不少城市着眼于社区这一人群聚集的最小敏感单元，将治理建立在可感知的空间基础上，市域社会治理也变得更为人性化、精细化。

（四）重新连接居民

传统中国乡土社会是稳定、非流动和单一社会。人们在熟悉的环境中，依靠习惯和宗法等方式解决矛盾和纠纷，关系治理的作用得以长期有效发挥并保持了乡土社会稳定。乡土生活的稳定性、非流动性以及单一性也决定了传统乡土社会治理的简易性。改革开放以来市场化和城市化进程的启动，推动了社会流动和城市的陌生人化。过去城市治理失效的关键在于对居民交往和日常关系、日常生活的忽视，而只注重对城市进行强制性管理。城市是陌生人社会，城市治理的目标之一就是让城市成为真正意义上的日常生活空间，让居民重新连接。城市的社会性特征不仅要求城市为居民社交创造空间，还要求城市能够利用社区的社会性开展城市治理。在根本上，城市治理特别是市域社会治理的目的就是要培养具有社区意识、公民意识、参与意识的人民，邻里守望。居民的重新连接将不断重塑居民之间关系，而对人际关系的充分利用则可有效提升城市治理绩效。

党的十九届四中全会提出的人人有责、人人尽责、人人享有的“社会治理共同体”，在城市层面的重点就是强调居民在城市治理中的主体性和责任感，“重建居民连接，重塑社会结构”。面对日益复杂的社会结构，社会需求与城市公共服务供给之间日益存在不匹配、不兼容的地方。如何通过城市治理变革和机制创新来弥合二者间的“缝隙”需要重新思考，“三个人人”对此进行了战略布局。其中，“人人有责”回答的是“谁来管”的问题，即城市治理的主体性问题由谁来主导和参与。“人人尽责”回答的是“谁负责”和“如何做”的问题，即政策设计、资源筹集、具体执行等环节由谁来负责实施。“人人享有”回答的是“谁获得”，即城市发展到底为了谁，以及发展成果被谁享有。“三个人人”互为因果，环环相扣，为探索新时代城市治理之道特别是市域社会治理现代化提供了系统方案。

在这些年的城市治理实践中，不少城市都特别强调强化居民社会认同，利用居民中心引入社会资源，丰富辖区内的生活维度，营造浓厚的邻里氛围，创建“熟人社区”，从而实现自下而上的社区参与、居民自助互助和社区文化重建，以此作为实现多元共治的理念先导和精神统领，并为存在不同利益甚至利益矛盾的各种主体实现平等合作提供条件。

三、指向市域社会善治的下一步行动

改革新时代对发展提出了高质量要求，并要求妥善处理增长与人民所得、增长与持续增长两大市场化改革的结构性问题，以及在全球化背景下的社会多元性、开放性和流动性问题。对中国来说，这一问题的实质就是制度优势如何更好地转换为治理效能。而城市的复杂性、集聚性、规模性、风险性，则意味着这一转换虽然已经取得了重大成就，但仍然面临着前所未有的治理挑战，指向市域社会善治的改革任务是艰巨而繁重的。

（一）党的领导是制度优势转化为城市治理能力的保证

真正能推动高质量发展的是高质量的治理，而高质量治理的核心是根植于本土文化，又嵌入全球文明的制度及其体系。在中国，这一制度是中国特色社会主义制度，这一制度的根本是党的领导。作为执政党，中国共产党成功地找准了自己的历史定位，以改革和开放找到了全国人民利益的最大公约数。

党是中国发展奇迹的创造者，也是中国治理理论的创造者。中国现代化进程披荆斩棘的70多年，是艰苦探索，也是理论验证，更是世界昭示。在市域社会治理中，党的领导体现在不同层次的城市基层社会建设中，即在基层治理实践中聚民心，集众智，聚力量，为民谋福祉，形成党组织领导下的“一核多元、合作共治”治理机制。一是发挥基层治理引领作用与优势，增强党的影响力、凝聚力和向心力。二是健全立体化的组织网络，创新形式多样的治理载体，发挥基层党组织政治引领和服务群众功能。三是汇集“多元主体、多元平台、多元服务”的多元共治合力，关注社区自治组织、社会组织、居民个体等不同治理主体的能动作用，增强社区自治和服务功能，提升社区发展治理能力。

实践表明，坚持党的领导，在新中国成立之初是历史的选择，在改革开放之初是时代的必然，而在新时代，坚持党的领导已经成为“四个自信”的坚定支撑。在此背景下，政党的现代化执政能力显得尤为重要，这既是铸就中国特色社会主义制度优势的关键，也是夯实中国特色社会主义理论精髓的基础。

（二）用城市思维推进市域社会治理现代化

波澜壮阔的城市化进程在让城市成为国家发展核心动力的同时，也带来了大规模的人口流动、资源的全球配置、资本的自由流通以及全球竞争。繁荣与衰败、积累与失衡、集聚与拥挤，城市的结构性紧张同样塑造着个体的城市体验。金融资本主义体系的崛起虽然被认为削弱了国家对于资本的控制力，但城市治理转型依然需要回归到国家层面予以结构性回应。对中国而言，市域社会治理现代化更是承接全球议题、中国问题和政党使命的重要路径。

城市思维意味着，一方面，城市是复杂的，应按照人的需求、感受、尺度以及社会关系来组织、建设和治理，注重邻里交往和场所感。另一方面，城市是文化、学习和商业等功能的综合，城市思维要求注重城市的空间特点，在对空间事物迅速高效地分析判断后，做出调整处置，应用城市思维治理城市空间的核心就是要保证城市空间的人本导向。再一方面，城市是集聚的，这不仅意味着生产的规模集聚，更意味着人群和风险的集聚。或者说，在城市中出现的风险，是高度关联且可能不断升级的；一旦风险发生，其后果也更为严重。因此，城市思维的本质是尊重城市发展规律，深刻理解城市性。

特别是城市思维必须注意到城市权利的分配和人民美好生活的关联。权利的不平衡实际上起着利益分流与权责导向的作用，而这种不平衡产生的根源则在于空间权利的总体性与结构性特征。城市的整个资源和服务具有溢出效应，传统基本权利——居住权、财产权、劳动权等权利范围要小于空间权利。事实上，即使人民可以在城市中找到居所，但与居所相联系的公共服务、生活品质、收入水平等对我们的美好生活有更重要更直接的影响。因此，城市权利的空间化使得空间对城市生活具有延展性和整体性，并不能简单地分解为单独的某项权利，而应该从总体性、结构性、整体性角度去认知，协调权利、主体、空间三者之间的辩证关系。

显然，城市治理现代化既是国家治理现代化的必要条件，也是国家治理现代化的充分条件，这一基本判断来源于当下正在发生的深刻历史变化：作为共同体意义上的国家，中国社会特质正在发生变革，并从乡村国家迈向城市国家。在城市国家中，城市必然是国家行政的最主要单元，国家治理的主要内容就是城市治理。市域社会治理越来越是未来国家治理不可回避的议题，而其核心是通过治理过程的设计来消解个体生活在城市中的危机与紧张感。

（三）制度的生命力在于回应治理普遍性问题

中国特色社会主义制度虽为“特色”，但根本上体现的是一般性的规律，解决的是在既定生产力框架下如何让制度更加适应生产力的发展并推动生产力向更高水平发展的问题，其生命力也体现在对治理普遍性问题的回应。这些问题主要指向大国发展历史中的两个重大难题：其一，如何在低生产力发展水平的基础上短时间内实现高速发展；其二，如何在高速发展的同时保持政治秩序和社会稳定。围绕这两大难题，在具体治理实践中我们已经创造性地解决了一系列很不容易解决的问题，如社会平等问题、群体和谐问题、贫困问题等等；也创造性地处理了一系列很不容易处理的关系，如市场与政府、经济与生活、公平与效率等，这些都是中国方案的凝练，也是中国智慧的凝练。

未来市域社会治理所追求的不应是某一项制度的创新，而应该更多地放在不同体制、制度、政策间的联系和对接，并对跨层次、跨界别组织功能进行有效整合。2020 年新春伊始的这场前所未有的新冠肺炎疫情，更表明了开放科学的决策机制和组织功能协同整合对于优化治理的重要性。通过以人为本的治理理念、稳妥的制度设计、匹配的关系结构和开放的社会体系来回应转型城市秩序和全球秩序的重建，让个体在城市中得到尊严，得以安顿，这是市域社会治理的下一步行动。因此，未来中国城市治理转型不应只停留在价值主张和价值推演层面，更重要的是形成治理路径选择。从运动式治理到常态治理，从常态治理到应急治理，从应急治理到系统治理，这是政党、政府和社会自身的持续学习过程，也是中国治理趋向现代化的过程。

综上所述，“从国情出发、从实际出发，既把握长期形成的历史传承，又把握党和人民在我国国家制度建设和国家治理方面走过的道路、积累的经验、形成的原则”，这是中国市域社会治理方法论的方法论。我们越来越深刻地意识到，真正有实效的治理，特别是有效的体制和制度设计，一定不是简单模仿或者封闭所能造就的，而只能是党领导人民在实践中砥砺前行、深刻反思中探索出来的。

城市的集聚性、规模性、流动性，不仅让城市社会的活力倍增，也让城市社会的风险倍增。中国市域社会治理走向更好的治理，不仅是市域社会治理领域的问题，也是整个社会治理的问题。就未来而言，我们能否实现党的十九届四中全会确定的总体目标，最重要的仍然是治理能力。这种能力体现为：以人民福祉的增加为检验实践的标准，遵守既定的法律程序、规章制度，形成更开放的决策过程、更细致的配套政策、更现代的治理工具，以及包容不同意见和持续学习。

就此而言，中国市域社会治理方法论的核心是：在迈向城市中国和全球化中国进程中，我们需要持续自省与反思，持续构建适应于时代的发展理性。这种理性的灵魂在于保证发展服从于“社会”需要，服从于人民的需要，并最终实现社会发展目标：在相对公平、高度信任、有效整合的社会秩序基础上构建趋向“安全宜居活力和谐”的美好城市社会！

The Code of China's New Governance: Toward the Modernization of System and Capacity

第十三章

构建新时代中国特色应急管理体制

13

构建新时代中国特色应急管理体制

王宏伟

2019 年 10 月 31 日，党的十九届四中全会通过了《中共中央关于坚持和完善中国特色社会主义制度　推进国家治理体系和治理能力现代化若干重大问题的决定》（简称《决定》），提出："完善和落实安全生产责任和管理制度，建立公共安全隐患排查和安全预防控制体系。构建统一指挥、专常兼备、反应灵敏、上下联动的应急管理体制，优化国家应急管理能力体系建设，提高防灾减灾救灾能力。"党的十九届四中全会刚刚闭幕，中共中央政治局于 11 月 29 日，就我国应急管理体系和能力建设进行第十九次集体学习。习近平总书记在主持集体学习时说："应急管理是国家治理体系和治理能力的重要组成部分，承担防范化解重大安全风险、及时应对处置各类灾害事故的重要职责，担负保护人民群众生命财产安全和维护社会稳定的重要使命。"构建新时代应急管理体制是我国应急管理机构改革的核心内容，是推动国家治理体系和治理能力现代化的必然要求。

一、新时代的应急管理改革

我国新一轮应急管理机构改革肇始于 2018 年春天。根据《深化党和国家机构改革方案》，"为了防范化解重特大安全风险，健全公共安全体系，整合优化应急力量和资源，推动形成统一指挥、专常兼备、反应灵敏、上下联动、平战结合的中国特色应急管理体制"，我国整合 11 个部门的 13 项职责，统筹自然灾害和安全生产事故应对，组建了全新的应急管理部。经过一年多的实践，我国从中央到地方均已成立应急管理部门，新应急体系的四梁八柱基本确立，改革的成效在应对金沙江—雅鲁藏布江堰塞湖、台风"利奇马"等突发事件中初步显现。

应急管理改革是推进我国国家治理体系和治理能力现代化的一个重要举措。经过 70 多年不懈奋斗和努力，中华民族实现了从站起来、富起来向强起来的转变，逐渐走近世界舞台中央，空前接近实现中华民族伟大复兴的中国梦。但是，将强未强是一个充满挑战风险的关键时期。

从国际上看，世界正在经历百年未有之大变局，东升西降是其主要趋势和特点。西方国家加大对中国打压与遏制的力度，防止中国“变道超车”“弯道超车”。同时，我国国内正处于经济从高速度发展向高质量发展的换挡期，下行压力增大，加之转型期的社会矛盾凸显，维护社会稳定的任务十分艰巨。影响甚至可能迟滞中华民族复兴的内外风险交织叠加、连锁互动，随时可能形成重大风险，对我国国家安全和公共安全提出空前挑战。应急管理作为维护国家安全和公共安全的手段，肩负着非同寻常的责任。

现代化是一个动态的过程。“现代”（modern）一词既有时间维度，指“较为晚近”，又有价值维度，指“较为时新”。“现代”（modernus）一词在公元 5 世纪出现，将刚刚确定地位的基督教社会同旧的异教的罗马社会区别开来，意味着现在与过去的断裂①。由此可以看出，现代化必然伴随着断裂，是现代社会对传统社会背离的过程。

从人类发展的历史看，农业社会向工业社会转轨是第一次现代化，工业社会向后工业社会过渡是第二次现代化。目前，我国经济社会发展呈现出多样性与差异性特征。与世界其他国家不同，中国面临着双重现代化叠加的特殊国情。现代化必然伴随着利益格局的巨大调整和新旧价值的冲突所引发的震荡，突发事件高发、多发、频发、重发成为态势。

如果说从工业社会向后工业社会转型是我国现代化的主要内涵，则工业社会积累起来的应对突发事件的经验与模式受到了严重的冲击和挑战。与后工业社会相比，工业社会的风险是较为简单和确定的，突发事件主要是常规的。人们可以依赖官僚制组织清晰的职责分工采取控制手段，以高效应对突发事件。但是，在向后工业社会迈进的过程中，风险越来越具有高度的复杂性和不确定性，突发事件是非常规的，官僚制组织及其曾经屡试不爽的控制性措施会出现失灵。当应对预测到的危机和灾害（以前发生过且可能会周期性地发生）时，政府有着良好的表现。但是，当遇到独特的、未能预测的、通常是大规模或快速变化的威胁

---

① 任民安．现代性．南京：南京大学出版社，2012：1.

时，响应就会出现问题①。

为适应新的公共安全形势，综合应对各类突发事件，我国在2003年“非典”之后以“一案三制”为核心，开始了应急管理体制的建设。从国务院办公厅到县级市人民政府办公室，都成立了突发事件应急管理办公室，简称“应急办”，履行应急值守、信息汇总和综合协调三大职能。其中，综合协调是应急办的核心职能。但是，由于规格过低、权责不对等问题始终没有得以解决，“小马拉大车”的应急办最终不能在应对高度复杂性和高度不确定性的突发事件过程中有效履行综合协调职能。例如，在2008年南方低温雨雪冰冻灾害期间，国务院将抢险救援与煤电油运指挥部设在了国家发改委，而非国务院应急管理办公室。

一个部门如果不能找到无可替代的定位，其最终被取代也就成为顺理成章的事情。在新一轮应急管理改革中，国务院应急管理办公室的职能被并入新组建的应急管理部。改革后，应急管理部将防范化解重大安全风险作为主要职责，强调“打大仗”“打硬仗”，实际上就是要应对迈向后工业社会进程中棘手的高度复杂、高度不确定的突发事件，这符合新时代的风险特征和应急要求。

二、应急管理体制变化的原因

应急体制是应急管理的组织制度，主要体现在机构设置、职能配置、与职能相应的事务管理制度及权力划分等方面。2007年，我国颁布实施的《突发事件应对法》规定：“国家建立统一领导、综合协调、分类管理、分级负责、属地管理为主的应急管理体制。”其中，“应急管理体制”的内容有22个字。2018年，《深化党和国家机构改革方案》将其

① BOIN A，HART P. Organizing for Effective Emergency Management：Lessons from Research. The Australian Journal of Public Administration，2010（4）：361.

表述为“统一指挥、专常兼备、反应灵敏、上下联动、平战结合”20个字。党的十九届四中全会通过的《决定》又删除了“平战结合”的字眼，保留了“统一指挥、专常兼备、反应灵敏、上下联动”16个字。应急管理体制是应急管理中提纲挈领、牵一发而动全身的主导性制度。表述的变化、字数的削减有着深刻的原因，反映了我国对中国特色应急管理体制特征认识的不断深化。

我国将突发事件分为四类，即自然灾害、事故灾难、公共卫生事件和社会安全事件。新组建的应急管理部整合了自然灾害和事故灾难应对的主要职责，而没有涉及公共卫生事件和社会安全事件，这主要是因为公共卫生事件和社会安全事件分别应对卫生部门、公安部门职能。例如，公共卫生事件的应对要依靠提供医疗服务的医院。专门为处置突发事件而设立专门的医疗机构既没有必要，也会造成资源的闲置和浪费。如果将卫生应急办从卫生部门划转到新组建的应急管理部门，反倒产生了新的跨部门协调问题。所以，为了解读新时代中国特色应急管理体制，我们必须首先明晰一点：按照大部制原则组建的应急管理部实际上是“小应急”，而界定应急管理体制则必须站在“大应急”的角度，即覆盖各类突发事件。

应急管理体制与一个国家的行政管理体制密切相关，具有相对稳定性。然而，应急管理体制也会因为时代的变迁而进行动态的调整，表现出历史演进性。所以，进入新时代，我国应急管理体制为求与时俱进而发生变化也是合乎情理的。

在应急办时代，我国应急管理体制被表述为“统一领导、综合协调、分类管理、分级负责、属地管理为主”。新的应急管理体制将“统一领导”变为“统一指挥”，这是因为“领导”与“指挥”不同：领导意味着“率领”并“引导”，它决定着驾驭全局的方向性，相对比较超脱；“指挥”表示的是“发令调度”，是进行具体、实际的调度。《突发事件应对法》第九条规定：“国务院和县级以上地方各级人民政府是突发事件应对工作的行政领导机关，其办事机构及其具体职责由国务院规定。”在原有体制下，政府作为应急管理领导机关的定位较为笼统、抽象，具有很大的伸缩性，但不利于应急管理经验的积累。改革后，应急管理部作为一个常态存在应急机构，可以长期积累应急管理的经验，反复磨合队伍，以高效的应急行动为党中央、国务院分忧解难。

在原有应急管理体制下，作为办公厅（室）的内设机构，应急办代表政府履行突发事件应对的综合协调职能，而具体处置突发事件则由相关部门完成。新组建的应急管理部门不仅要担负综合统筹的职责，而且要在应急响应与救援方面完成灾害事故处置的具体业务，是一个具有实战性、操作性的应急机构。因此，"综合协调"不再符合新时代应急管理体制的实际。

在新时代，挑战我国应急管理能力的是高度复杂性、高度不确定性的非常规突发事件。它们往往是链状群发，甚至是网状群发的，跨越了政府部门边界和政府层级边界，需要横向和纵向上的整合应对。这使得"分类管理"和"分级负责"不再适合继续成为应急管理体制的特征。

以往，分类管理的主要意义在于明确责任主体，并将"单灾种"管理整合为"分灾类"管理。现代社会的风险越来越具有跨界性与渗透性，一类突发事件可能会引发另一类突发事件。灾害链条使得这种有限的整合捉襟见肘。同时，"分级负责"的主要目的是按照政府的行政层级确定突发事件的响应范围，同时避免响应不足或响应过度。过去，在四大类突发事件中，社会安全事件的演进是非线性的，没有分级。其他三类突发事件被分为特别重大、重大、较大和一般四级，最高响应主体分别对应国务院—省政府—地级市政府—县级市政府。但是，突发事件可能瞬间变化，迅速蔓延升级，往往令清晰的层级响应制度不再奏效。

《关于国务院机构改革方案的说明》中指出："按照分级负责的原则，一般性灾害由地方各级政府负责，应急管理部代表中央统一响应支援；发生特别重大灾害时，应急管理部作为指挥部，协助中央指定的负责同志组织应急处置工作，保证政令畅通、指挥有效。"从中我们可以看到：在应急管理体制重组背景下，分级负责更强调的是中央与地方应急事权的切割，而不是主张分级过于细微。现代社会的耦合性与关联性明显增强，自然灾害、事故灾难、公共卫生事件也可能会像社会安全事件一样引发“蝴蝶效应”，这使得突发事件的过细分级失去意义。

在新时代，应急管理体制的表述不再保留“属地管理为主”，这并不是说属地管理不重要，因为“所有的灾害都是本土化的”。压实属地管理的责任有利于风险防控并将突发事件消灭于萌芽或初起状态。但是，新时代应急管理重点关注的非常规突发事件通常会迅速跃出原发地域，超出属地管理的能力范围。同时，属地管理实质是块块的管理。与此对应的是行业管理，即条条的管理。我国发生的许多重大突发事件，特别是危化品重大突发事件，如重庆开县井喷、青岛“11·22”输油管线爆炸、天津“8·12”爆炸、张家口爆燃事件等都说明，属地与央企的关系理不顺。作为条条管理的央企，其级别高于属地政府，监管出现盲区。“属地管理为主”的原则难以实施，遭遇权责不匹配的困境。在突发事件应对中，“条块”应该相互结合，即属地政府与行业管理部门要齐抓共管、协力共治。

综上所述，“非典”后，我国构建的应急管理体制主要适合应对低度复杂、低度不确定的常规突发事件。进入新时代，随着我国向后工业社会的快速转轨，原有的应急管理体制出现了明显的不适应性。在非常规突发事件应对的视角下，我国对应急管理体制的特征进行了新的界定。我国应急体制改革因时而变、顺势而为，目的是适应新时代应急管理的新要求。

三、中国特色应急管理新体制

在应急管理改革之初，人们很难全面、深刻理解应急管理体制表述上的新变化。应急管理机构改革一年来的实践经验使得中国特色应急管理体制内涵越来越清晰，凸显了党中央、国务院对应急管理体制总体设计的立意高远。在新时代，我国构建的应急管理体制被描述为以下四个方面：

第一，“统一指挥”意味着实现各种应急力量和资源的有机整合，避免多头管理、九龙治水，防止出现彼此掣肘、冲突。特别是在重大突发事件应对的过程中，政府、军队、企业、社会组织、志愿者等多元力量短时间内在事故灾害现场汇集，彼此之间互不隶属，合作困难。统一指挥可以让应急管理活动相互协调，避免“各吹各的号，各唱各的调”，防止无序与混乱，进而提高应急管理的效率。

作为一个社会主义国家，坚持党的集中统一领导是我国最大的制度优势。同时，我国是一个单一制国家。每当重大突发事件来临，国家可以调动全国范围内的各方面资源，做到集中力量办大事。此外，党对人民军队的绝对领导发挥着突击队的重要作用，成为应对突发事件的“最后一道防线”。

在应急管理改革中，我国将国家防汛抗旱指挥部、国务院抗震救灾指挥部、国家减灾委员会、国家森林防火指挥部、国务院安全生产委员会办公室都整合到应急管理部，加大了统一指挥的力度。为了提升自然灾害防治能力，应急管理部牵头建立了自然灾害部际联席会议制度。此外，应急管理部还与 32 个部门建立了合作关系，完善了与军队、武警协同应对重大突发事件的机制，提升了社会力量参与应急救援的能力。在突发事件处置过程中，应急管理部摸索出后方多部门联合会商、前方派出联合工作组指导的工作机制，实现了应急指挥的整合化和扁平化。未来，应急管理还将建立国家应急指挥总部和六个区域性应急救援中心。每个区域性应急救援中心都配备一定数量的“尖刀”和“拳头力量”，由应急管理部统一调度，以提升快速动员和应急响应能力。

第二，“专常兼备”的含义是：一方面，我国建立常态化、综合性的应急管理部门，即新组建的应急管理部；另一方面，卫生、公安、交通、气象等其他部门在日常管理、运行过程中要防范突发事件的发生并维系必要的应急管理能力，以便在重大灾害事故发生时协助应急管理部门进行处置。灾害事故有着发生、演进的过程，其防与救形成一个难以断然切割的链条。大应急管理需要全政府、全社会共同参与、协同应对。

因此，处理好防与救的关系不能简单化、绝对化地“厘清”责任，而必须做好相关责任的无缝衔接。在中共中央政治局第十九次集体学习会议上，习近平总书记强调，要发挥应急管理部门的综合优势和其他部门的专业优势。此外，在应急救援方面，“专常兼备”一方面要求按照“全灾种、大应急”的原则打造国家综合性消防救援力量，使其与安全生产救援队伍形成常备的综合救援力量以应对常发灾害事故；另一方面，也要打造各有专长的专业救援队伍，以应对特殊类型灾害事故。

第三，“反应灵敏”是我国应急管理体制的一个最新表述。在迈向后工业社会的今天，我们面对的突发性事件的复杂性、不确定性、耦合性、关联性、新奇性特征明显。以简单应对复杂、以确定应对不确定、以经验应对未来、以不变求万变的思路难以为继。所以，新的应急体制要求反应灵敏，即对突发事件具有敏锐的感知力并灵活、快速地调度、整合应急资源和队伍，对突发事件进行及时、有效的应对。

构建区域性应急救援中心是针对我国幅员辽阔的现实，为提升对危机反应灵敏性而采取的一种重要举措。应急管理部组建后，始终注重以信息化推动应急管理现代化，运用大数据、云计算、人工智能、区块链等新技术，综合研判、快速报送风险信息，实现精准预警发布，及时采取行动。例如，在危化品监管方面，应急管理部开始在全国推行“互联网＋监管”的模式，旨在预防重大危化品安全生产事故发生。每当重大突发事件预警信息发布后，应急管理部及时预置队伍和资源，这提升了其快速响应能力。此外，应急管理部还积极打造航空应急救援体系，并探索利用高铁系统来提升应急队伍机动和物资投送能力。

第四，“上下联动”即中央与地方协同配合，形成一体化应急能力。自雅安芦山地震以来，我国救灾模式发生了重大变化：从原来中央政府的大包大揽，变成以地方为主，中央提供支持。当灾害超越地方应对能力时，中央政府果断出手。这种模式既避免了地方政府有意夸大灾情以博取中央救助的冲动，也能增强反应的灵敏度，因为毕竟地方政府具备应对灾害所需的“地方知识”，可以在第一时间判断、行动。

上下联动要求中央层面发挥统筹协调的作用，同时压实地方党委和政府的责任。在新时代，自然灾害与安全生产事故应对都要落实党政同责、一岗双责、尽职免责、失职追责。但是，追责要建立在科学的调查评估基础上，要避免情绪化问责。

由于地方应急管理体系已经构建完毕，未来我国应进一步完善分级响应机制：在突发事件应对中，应急管理部给予地方必要的指导。当地方应急能力被超越时，应急管理部予以援助。当然，我国不同于美国等联邦制国家，当敏感性突发事件发生时，应急管理部要主动、超前介入。

值得注意的是，党的十九届四中全会《决定》对中国特色应急管理体制的表述删除了“平战结合”四个字。我们认为，这是因为“平战结合”容易引发歧义。“平战结合”通常包含两层含义：一是应急管理部门要将常态管理与非常态救援结合起来，同时做好日常风险监管、防控与应急处置的工作；二是把应急与应战结合起来，做到“平时应急，战时应战”。世界许多国家的应急管理都起源于一战之后诞生的民防，美国、俄罗斯等国的应急管理都承袭了民防血脉。例如，俄罗斯紧急情况部下属有 3 万人的民防部队，掌握排雷等技术，甚至配备一定的轻武器，履行国际人道主义救援的义务。我国虽然加入了国际民防组织，但主要使命是长期准备以应对战争威胁。2018 年，在党和国家机构改革中，许多地方曾经更名为“民防”的部门又改称“人防”，更加符合“军是军，警是警，民是民”的原则。

应急能力体系的建设与应急体制的构建是相辅相成的。2018 年 2 月 28 日，党的十九届三中全会通过的《中共中央关于深化党和国家机构改革的决定》提出：“加强、优化、统筹国家应急能力建设，构建统一领导、权责一致、权威高效的国家应急能力体系，提高保障生产安全、维护公共安全、防灾减灾救灾等方面能力，确保人民生命财产安全和社会稳定。”应急管理能力体系建设为应急管理体制构建提出了目标，应急管理体系的建设目标通过应急体制的建设行动来加以实现。所谓“统一领导”，就是指应急管理要坚持党的领导。在中国，党政军民学，东西南北中，党是领导一切的。党的组织横向到边，纵向到底，可以统筹一切力量，形成共克时艰的强大合力。只有加强党的集中统一领导，应急管理才能处理好统与分、防与救、上与下的关系，才能做到“专常兼备”和“上下联动”。所谓“权责匹配”，就是指使应急管理部门承担的责任与其被赋予的权力或拥有的能力相适应。否则，“统一指挥”就难以实现。所谓“高效权威”，就是指应急机构在紧急情况下具有行使行政紧急权、征用各种资源、高效率处置突发事件的能力，以实现“反应灵敏”的目标。

习近平在中共中央政治局第十九次集体学习时强调：“加强应急管理体系和能力建设，既是一项紧迫任务，又是一项长期任务。”经过一年多的改革实践，我国新时代中国特色应急管理体制的框架已经基本确立。在此基础上，我国应持续发力、久久为功，着力解决制约应急管理能力提升的制度性“瓶颈”，不断提升应急管理现代化水平。

第十四章

新时代的生态文明制度建设

14 新时代的生态文明制度建设

张占录

2019 年 10 月 31 日，党的第十九届四中全会通过了《中共中央关于坚持和完善中国特色社会主义制度　推进国家治理体系和治理能力现代化若干重大问题的决定》（简称《决定》）。全会系统总结了我国国家制度和国家治理体系十三个方面的显著优势，全面回答了在我国国家制度和国家治理体系上应该坚持和巩固什么、完善和发展什么这个重大政治问题，既阐明了必须牢牢坚持的重大制度和原则，又部署了推进制度建设的重大任务和举措，坚持根本制度、基本制度、重要制度相衔接，统筹顶层设计和分层对接，统筹制度改革和制度运行，为把我国制度优势更好转化为国家治理效能指明了前进方向。

一、生态文明建设的制度化

党的十九届四中全会就生态文明建设做出战略部署，要求坚持和完善生态文明制度体系，促进人与自然和谐共生。生态文明建设不是单纯的对环境的保护和对已被破坏生态环境的修复和恢复，而是立足当前，面向未来全新发展模式的重要表征[①]。将生态文明制度建设作为中国特色社会主义制度建设的一项重要内容和不可分割的有机组成部分，是由中国特色社会主义制度的内在要求决定的。《决定》全面贯彻了党的十八大以来党中央关于生态文明建设的决策部署，进一步明确了坚持和完善生态文明制度体系的总体要求。习近平总书记强调："我们要建设的现代化是人与自然和谐共生的现代化，既要创造更多物质财富和精神财富以满足人民日益增长的美好生活需要，也要提供更多优质生态产品以满足人民日益增长的优美生态环境需要。"生态文明建设是关系中华民族永续发展的千年大计和根本大计，必须不断深化认识坚持和完善生态文明制度体系的重大意义。同时，生态文明建设是一个长期任务，为保障生态文明建设实现长效化、制度化、规范化，需要把党的十八大以来

① 马峰. 坚持和完善生态文明制度体系. 浙江日报，2019-12-23 (9).

生态文明建设的经验和做法进行归纳、总结，形成制度，并对制度加以坚持和完善，同时严格执行，这是建设美丽中国的必然要求。

党的十八大以来，以习近平同志为核心的党中央推动全面深化改革，加快推进生态文明制度体系顶层设计和建设，相继出台《关于加快推进生态文明建设的意见》《生态文明体制改革总体方案》，制定了40多项涉及生态文明建设的改革方案，修订《环境保护法》，从总体目标、主要原则、重点任务、制度保障等方面对生态文明建设进行全面系统部署。我国生态文明制度体系加快形成，已建立起生态文明制度的“四梁八柱”，生态文明体制中源头严防、过程严管、损害赔偿、后果严惩等基础制度框架初步建立。这一系列制度建设，涵盖了生态文明从源头、过程到后果的全过程，包括环境治理、空间管制、资源节约等多个方面，具有很强的系统性、整体性、协同性和操作性，推动我国生态文明建设取得重大进展，生态环境保护发生了历史性、转折性、全局性变化①。这些制度成果来之不易，经验弥足珍贵，需要继续坚持，不断巩固，持续深化。党的十九届四中全会创造性地统筹考虑制度体系，进而提出要实行最严格的生态环境保护制度，全面建立资源高效利用制度，健全生态保护和修复制度，严明生态环境保护责任制度，这是对已有生态文明改革成果的巩固和坚持，反映了我们党对生态文明建设规律性的认识深化，为进一步发挥制度在生态文明建设中的硬约束作用提供了遵循，彰显了坚持和完善生态文明制度体系在推进国家治理体系和治理能力现代化中的重要意义。

（一）“生态文明建设是关系中华民族永续发展的千年大计”

人与自然的关系是人类社会最基本的关系。自然界是人类社会产生、存在和发展的基础和前提，人类可以通过社会实践活动有目的地利用自然、改造自然，但人类归根到底是自然的一部分，人类不能盲目地凌驾于自然之上，人类的行为方式必须符合自然规律。习近平指出：

---

① 穆虹．坚持和完善生态文明制度体系．经济日报，2019-12-16（9）．

“人与自然是生命共同体，人类必须尊重自然、顺应自然、保护自然。”人与自然是相互依存、相互联系的整体，对自然界不能只讲索取不讲投入、只讲利用不讲建设。保护自然就是保护人类，建设文明就是造福人类。生态文明是人类社会进步的重大成果，是实现人与自然和谐共生的必然要求。建设生态文明，要以资源环境承载能力为基础，以自然规律为准则，以可持续发展、人与自然和谐为目标，坚定走生产发展、生活富裕、生态良好的文明发展道路，建设美丽中国。

党的十九届四中全会《决定》在党的十九大之后，再次重申“生态文明建设是关系中华民族永续发展的千年大计”，是因为生态环境的基础性地位正在不断强化，环境不能作为低价的生产要素被忽视，也不能仅仅作为支撑发展的承载条件①。一方面，生态环境已经成为稀缺资产，需要高标准的保护；另一方面，优质生态产品本就是发展的有机内涵，加强生态环保工作就是推动高质量发展。围绕于此，国家相继出台了自然资源负债表、离任审计、主体功能区划、生态保护红线、总量控制等制度，意识和理念通过制度得到体现和改变。社会主义现代化是人与自然和谐共生的现代化，既要创造更多物质财富和精神财富以满足人民日益增长的美好生活需要，也要提供更多优质生态产品以满足人民日益增长的优美生态环境需要。

（二）“两山理论”与“建设美丽中国”

金山银山和绿水青山的关系，归根到底就是正确处理经济发展和生态环境保护的关系。这是实现可持续发展的内在要求，是坚持绿色发展、推进生态文明建设首先必须解决的重大问题。有人说，发展不可避免会破坏生态环境，因此发展要宁慢勿快，否则得不偿失；也有人说，为了摆脱贫困必须加快发展，付出一些生态环境代价也是难免的、必需的。这两种观点把生态环境保护和经济发展对立起来了。

习近平很早就用金山银山、绿水青山做比喻，生动形象地阐明了经

---

① 吴舜泽．“中国制度”十三讲．中央广播电视总台—中国之声，2019-11-18．

济发展与环境保护之间的辩证关系，提出了“绿水青山就是金山银山”的重要理念，为我们建设生态文明、建设美丽中国提供了根本遵循。绿水青山是人民幸福生活的重要内容，是金钱不能代替的；绿水青山和金山银山绝不是对立的，一些地方生态环境资源丰富又相对贫困，更要通过改革创新，探索一条生态脱贫的新路子，让贫困地区的土地、劳动力、资产、自然风光等要素活起来，让资源变资产、资金变股金、农民变股东，让绿水青山变金山银山。

绿水青山就是金山银山的理念，同时还具有重大的实践价值。随着我国社会主要矛盾发生变化，人民群众对优美生态环境的需要成为这一矛盾的重要方面，逐渐认识到生态产品是发展不可或缺的部分，对生态产品的需要提出了更高要求。这就必须顺应人民群众对优美生态环境的新期待，把提供生态产品作为发展应有的内涵，体现生态环境本就具有的不以人的意志为转移的存在价值。党的十八届三中全会以来，编制自然资源资产负债表、建立市场化和多元化生态补偿机制等一系列举措，致力于探索生态产品价值的实现方式，也是探索绿水青山变成金山银山的具体路径，进而体现生态环境资源在一定条件下可以转化的附加值，将生态环境优势转化为经济优势。

生态环境保护的成败归根到底取决于经济结构和经济发展方式，经济发展不应是对资源和生态环境的竭泽而渔，生态环境保护也不应是舍弃经济发展的缘木求鱼，而是要坚持在发展中保护、在保护中发展①。

党的十九届四中全会《决定》强调，“必须践行绿水青山就是金山银山的理念，坚持节约资源和保护环境的基本国策，坚持节约优先、保护优先、自然恢复为主的方针，坚定走生产发展、生活富裕、生态良好的文明发展道路”是“建设美丽中国”的根本途径。树立和践行绿水青山就是金山银山的理念，必须正确处理好经济发展同生态环境保护的关系，环境保护与经济发展的关系在“千年大计”的论述基础上进一步理

① 中共中央文献研究室．习近平关于社会主义生态文明建设论述摘编．北京：中央文献出版社，2017：56.

顺。绿水青山就是金山银山的发展理念，指明了一条经济与环境协同发展的新型道路，既满足了人民日益增长的美好生活需要，也还自然以宁静、和谐、美丽。习近平指出："我们既要绿水青山，也要金山银山。宁要绿水青山，不要金山银山，而且绿水青山就是金山银山。"这是重要的发展理念，体现了人与自然和谐共生的价值取向。我国经济进入高质量发展阶段，生态环境的支撑作用越来越明显。生态环保和经济发展不是对立和割裂的，而是辩证统一的，保护环境就是保护生产力，改善环境就是改善生产力，良好的生态环境能创造价值。同时，因为绿色发展方式和生活方式的转型不是一时一地、一朝一夕就能简单解决的，更不是敲锣打鼓就能实现的，因此需要不断重申。

二、实行最严格的生态环境保护制度

生态文明制度体系始于实行最严格的生态环境保护制度，而最严格的生态环境保护制度的起点仍然是"坚持人与自然和谐共生，坚守尊重自然、顺应自然、保护自然"，人与自然是生命共同体，人与自然的关系构成生态文明制度体系的逻辑起点，生态文明的核心就是坚持人与自然和谐共生。

习近平指出："我们的生态环境问题已经到了很严重的程度，非采取最严厉的措施不可，不然不仅生态环境恶化的总态势很难从根本上得到扭转，而且我们设想的其他生态环境发展目标也难以实现。"党的十九届四中全会《决定》强调"实行最严格的生态环境保护制度"，生态环境保护制度重在"最严格"，它体现出一种红线思维，要用最严格的制度和最严密的法治来保护生态环境，解决工业文明带来的负外部性的问题；并据此提出一系列具体要求，其中既包括从源头预防到责任追究的全过程生态文明制度体系，又包括多规合一的国土空间规划和土地管理法中规定的土地用途管制制度来统筹协调、统筹划定"三条红线"等，还包括重点关注的主体功能区和农业农村环境问题，以及推进市场导向的绿色技术创新、以排污许可制为核心的固定污染源监管制度体系等。

党的十九届四中全会《决定》明确提出“生态保护红线”“永久基本农田”“空间管控边界”“海域保护线”等内容，就是指绝对不容践踏的“最严制度”。在加强生态环境保护过程中，要牢固树立底线思维和生态保护红线意识，将自然环境承载能力作为经济社会发展过程中的底线和红线，对于任何逾越生态保护底线和红线的行为，都能依据“最严制度”实行严肃处理。用最严格制度、最严密的法治保护生态环境，加快制度创新，强化制度执行，让制度成为刚性的约束和不可触碰的高压线。

加快建立健全国土空间规划和用途统筹协调管控制度。扎实有效推进国土空间规划体系建设，要求全面落实党中央重大决策部署，体现国家意志和国家发展规划的战略性，自上而下编制各级国土空间规划，落实国家安全战略、区域协调发展和主体功能区战略，明确空间发展目标，优化城镇格局、农业生产格局、生态保护格局，确定空间发展策略，高标准绘制全国国土空间开发保护“一张图”，尽快将主体功能区规划、土地利用规划、城乡规划等空间规划融入国土空间规划，真正实现“多规合一”，解决好各类规划不衔接、不协调的问题。

三、全面建立资源高效利用制度

转变经济发展方式，推动可持续发展，资源利用方式的改变是抓手。资源高效利用的前提是产权明晰。党的十九届四中全会《决定》提出全面建立资源高效利用制度，推进自然资源统一确权登记法治化、规范化、标准化、信息化，健全自然资源产权制度和自然资源监管体制。这是加强生态环境保护、促进生态文明建设的一项重要的基础性制度。党的十八大以来，我国自然资源资产产权制度逐步建立，在促进自然资源节约集约利用和有效保护方面发挥了积极作用。但同时还存在自然资源资产底数不清、所有者不到位、权责不明晰、权益不落实、监管保护制度不健全等问题，导致产权纠纷多发、资源保护乏力、开发利用粗放、生态退化严重等问题，迫切需要进一步健全自然资源资产产权制度。

党的十九届四中全会《决定》为解决资源利用的体制性障碍提供了制度工具。聚焦资源利用的重点领域，通过建立起有偿使用、总量管理、全面节约和循环持续的资源利用制度体系来提高资源利用效能，将普遍实行垃圾分类，资源化利用制度和清洁低碳、安全高效的能源体系纳入议程。

四、健全生态保护和修复制度

人是自然界的一部分，人类社会的存续和发展是建立在生态系统基础之上的。生态系统是各要素相互依存有机整合的循环链条。因此，建立生态系统保护和修复的制度体系，也应当注重制度建设的整体性和协同性[①]。生态保护一体两面，生态保护和污染防治是密不可分、相互协同的，即党的十九届四中全会《决定》提出的健全生态保护和修复制度，两者关系更加密切。习近平强调："要用系统论的思想方法看问题，生态系统是一个有机生命躯体，应该统筹治水和治山、治水和治林、治水和治田、治山和治林等。"当前对生态文明制度体系的系统性、整体性和协同性的需求越来越高，党的十九届四中全会《决定》提出的统筹山水林田湖草一体化保护和修复、健全国家公园保护制度、加强大江大河生态保护和系统治理、开展大规模国土绿化行动、全面禁止围填海等，体现了我们在生态治理上加强制度建设的有益探索，从系统性和完整性角度加强保护和修复。山水林田湖草是生命共同体，要统筹兼顾、整体施策、多措并举，全方位、全地域、全过程开展生态文明建设。

---

① 郝栋. 以制度利器助推生态文明建设. 经济日报，2019-12-31（15）.

五、严明生态环境保护责任制度

制度的生命力在于执行。生态环境保护责任制度，是过去生态文明建设或生态环保工作的问题所在，也是未来的工作着力点，更是最能充分发挥中国特色社会主义制度的优势所在①，责任制度兜底体现了对以上三方面制度的统筹促进作用。党的十九届四中全会《决定》提出的严明生态环境保护责任制度，将此前生态文明建设目标评价考核办法纳入制度化管理轨道，就是要通过建立生态文明建设目标评价考核制度，强化约束性指标管理以严格落实企业主体责任和政府监管责任。已有的环境保护制度已经初步形成了体系，但在实施过程中仍难见成效，归根结底是因为实施力度不够，对环境行为主体的违法行为的处理不够严格。因此，必须坚持源头严防、过程严管、后果严惩重罚的基本原则，加强在环境监管、环境执法、环境管控、环境司法过程中的刚性和力度，形成严密的环境保护网，将"最严格"的要求落到实际中去，坚决解决违法成本低、守法成本高的问题。

落实中央生态环境保护督察制度。中央生态环境保护督察制度建立后，已完成第一轮并启动第二轮督察，实现对 31 个省（区、市）的全覆盖，及时发现并督促解决了各地区存在的大量生态环境问题，有效促进了各地生态环境质量的提升，得到人民群众广泛认可，取得了较好的工作效果。实践证明，中央环境保护督察制度能够推动各级党委和政府层层压实环保责任、形成自上而下和自下而上的环保合力，是一项经过实践检验行之有效的制度安排。推动中央生态环保督察不断向纵深发展，需要拓展督察内容，从单方面的督察生态环保向促进经济、社会发展与环境保护相协调延伸，指导督促加大省级生态环保督察力度，从着

① 吴舜泽. 以生态文明制度体系化推动生态文明建设自觉化. 中国环境报，2019-11-12（3）.

重纠正环保违法向纠正违法和提升守法能力相结合转变，指导地方全面提高生态环境保护能力。

六、“坚持”和“完善”生态文明制度体系

当前我国生态文明制度建设已经到了深化阶段，即从法规制定到责任落实的阶段。党的十八大以来，中国生态环境保护从认识到实践发生了历史性、转折性、全局性变化，生态文明建设取得显著成效，中国生态文明建设和生态环境保护进入成效最好的时期，在思想认识程度、污染治理力度、制度出台频度、监管执法尺度和环境改善速度等多个方面发生了巨大的变化，为进一步推动生态文明建设工作奠定了基础。虽然生态文明建设稳中向好，但成效并不稳固，正处于压力叠加、负重前行的关键期，已进入提供更多优质生态产品以满足人民日益增长的优美生态环境需要的攻坚期，也到了有条件有能力解决生态环境突出问题的窗口期。因此，党的十九届四中全会《决定》强调“坚持”和“完善”。未来推进生态文明建设，就是要坚持和完善并坚决执行好这些制度，更好地满足人民群众对生态环境改善的需求。

生态文明制度建设已经成为生态文明的标志，生态文明制度改革释放的红利对生态文明建设工作至关重要。生态文明建设是一场思想观念、理念的深刻革命，也是一个生产方式和生活方式的绿色转型过程。相对其他领域而言，更需要深化重要领域改革，坚决破除一切妨碍科学发展的思想观念和体制机制弊端，构建系统完备、科学规范、运行有效的制度体系。从这个意义上讲，制度建设既是“五位一体”总体布局补短板、强弱项的关键，也是美丽中国建设的关键。中国特色社会主义制度是过去中国发展进步的根本保证，也是未来取得更大发展进步的根本保证。

党的十九届四中全会《决定》以最严格的生态环境保护制度开头，以严明生态环境保护责任托底，把党的十八届三中全会国土空间开发内

容归并到生态环境保护制度或生态保护与修复中，把《生态文明体制改革总体方案》八个领域的改革重构融入党的十九届四中全会《决定》的四个方面，行之有效的中央生态环境保护督察制度等突出强调，把中央深改组审议推行的若干生态环境监测质量控制等改革任务拓展深化为生态环境监测和评价制度，把多项党委政府责任制度与规范性文件要求浓缩为目标评价考核、约束性指标管理和政府监管责任。

与以前 40 多项生态文明建设制度改革的单项突破相比，党的十九届四中全会《决定》将生态环境保护制度、资源高效利用制度、生态保护修复制度、生态环境保护责任制度四个方面进行了归纳和总结，形成了环环相扣的制度体系，更加强调制度的系统集成、协同增效，体现了总结历史和面向未来的统一，着力推动生态文明制度更加成熟、更加定型①。这既是理论上的突破，也会共同推进生态文明建设的实践。生态文明制度建设的四个方面在内容上有机联系，逻辑上相互贯通，实践中相互关联。将环境、资源、生态和政府责任有机地联系在一起，在实践中具有可操作性。结合政府职能的整合调整，以问题为导向，各个部门既有职责分工，又有相互协作，既包括对原有制度坚持和完善的部分，也增加了根据形势需要新增加的工作安排，兼顾当前和未来的发展需要，保证了政策的连续性和执行力。

与市场失灵一样，制度失灵也会对生态文明建设产生重要影响。系统总结我国生态文明建设中的经验做法，构建面向未来发展的生态文明制度体系，坚决打赢污染防治攻坚战，是满足人民对优美生态环境需要的必然之举，也是推动走一条人与自然和谐共生的现代化道路的重要制度保障②。正如习近平所指出的，保护生态环境必须依靠制度、依靠法治。未来，我国将进一步依靠制度、依靠法治，因此，必须加快制度创新、增加制度供给、完善制度配套、强化制度执行，让制度成为刚性的约束和不可触碰的高压线，从而实现“建设美丽中国”的目标。

---

① 吴舜泽．以生态文明制度体系化推动生态文明建设自觉化．中国环境报，2019-11-12（3）．

② 郝栋．以制度利器助推生态文明建设．经济日报，2019-12-31（15）．

第十五章

中国之治的工具基础

15 中国之治的工具基础

张　璋

中国是一个大国，幅员辽阔，人口众多，自然地理条件不算特别优越。在这样一个国家，实现善治绝非易事，寻求国家治理的良方自然就很重要。在古代，人们常将成功的国家治理归结于圣君贤臣。当代，随着社会的发展，人们逐渐意识到，良好的国家治理依赖于良好的制度。自从 20 世纪 80 年代以来，党和政府就加快了制度建设的步伐。以邓小平《党和国家领导制度的改革》的讲话为开端，以 1999 年《宪法》中关于依法治国的规定为标志，制度在中国国家治理中的地位和作用不断突显。在党的十九届四中全会上，制度更是被置于前所未有的重要地位。全会将中国经济和社会发展取得的伟大成果归功于制度上的优势，并且对这些制度进行了分类，明确了各自的内涵，部署了未来坚持和发展这些制度的举措。全会《决定》不仅展示了中国的制度自信，也为世人对中国的未来发展提供了较为稳定的预期。

“经国序民，正其制度。”制度在国家治理上的重要性现在已形成共识，毋庸赘言。制度能通过设置一定的激励约束空间，影响着人们的选择偏好并最终影响着社会状况。邓小平说，“制度好可以使坏人无法任意横行，制度不好可以使好人无法充分做好事，甚至会走向反面”①。当然，制度的作用并不仅仅在于让坏人止恶、好人为善，更理想的制度是能让坏人和好人都能为善的制度。

需要注意的是，制度在理论上的这种重要作用并不能自动实现。制度再好，不能有效执行，也只是空摆设。换言之，制度优势仅仅为国家治理的高效能提供了一个前提；能否将这种优势转化为治理的高效能，取决于制度的有效执行。制度—执行—成效，构成了一个完整的国家治理体系运作链条。制度本身的优越性和执行上的高效性均是中国之治的前提，二者缺一不可。本文将着重在这方面进行探讨，从国家治理工具的层面，看看中国国家治理是如何进行的，来揭示中国之治的行动基础。我们将会发现，中国之治的实现，确实与高效的制度执行有关；而高效的制度执行，在一定程度上又是由制度本身的优越性决定的。

---

① 邓小平．邓小平文选：第 2 卷．2 版．北京：人民出版社，1994：333．

一、治理工具：制度优势转化为治理效能的关键

“制度的生命力在于执行。”一项制度是否优越，主要看其能否被有效执行，看有效执行后能否取得好的社会效果。这本是一个朴素的道理，然而在经济学界没有得到应有的重视。经济学界更钟情于对制度的类型学研究，并争论所划分的各种制度的优劣。这些争论，最早集中于社会主义制度和资本主义制度，而后扩展到更为一般的政府机制与市场机制，以及更为具体的福利主义和自由主义。长期以来，认同社会主义制度、政府机制和福利主义的一方，与鼓吹资本主义、市场机制和自由主义的一方，两派观点相互角力、此消彼长，像钟摆一样来回摆动。自由主义者相信，只要坚守最小政府原则，采取不干预主义，让市场机制发挥最大作用，经济和社会就一定能发展得更好。经济学界的这种观点在很大程度上影响了其他学科（如公共行政学），并直接影响了人们的社会实践。最近 30 多年在全球流行的新公共管理运动，采取的就是这种“远政府，亲市场”的策略。

学界对制度执行的忽视，其影响在一定程度上已经超越了学术研究领域，而对实践产生了消极的后果。实际上，国家职能和作用的范围大一些还是小一些，或者说究竟是市场更多一些还是政府更多一些，在理论上并未形成定论，在实践中各个国家也不尽相同。但有一点是确定无疑的：国家的制度执行力弱了，其经济和社会就很难健康快速发展。无论是那些市场机制占主导地位、国家职能范围较窄的国家（如塞拉利昂），还是政府机制作用增大、国家职能范围更大的国家（如巴西），都是如此[①]。

与这些制度执行力较弱的“弱国家”相比，中国显然是一个“强国家”。得益于中国共产党的强力领导，中国社会资源的组织、动员和控

① 福山. 国家建构：21 世纪的国家治理与世界格局. 北京：中国社会科学出版社，2007.

制能力都十分强大。正是如此，中国政府制定的雄心勃勃的经济社会发展目标，都能顺利甚至超额实现。也正是这个原因，让中国能在与巴西、阿根廷、印度等这些在20世纪中叶发展基础类似甚至更好的国家的竞赛中脱颖而出。

“工欲善其事，必先利其器。”中国国家治理制度执行的有效性，得益于其治理工具的有效性。这些工具，并不仅仅体现在发展规划上，而是广泛地体现在经济、政治、社会和人们生活的方方面面。所谓治理工具，有时也被称为政策工具，指的是实现政策目标的手段[①]，或者说是权威当局为解决公共问题、实现公共目标所采取的行动方式。当社会出现一个问题（如大气污染、草原退化、假货盛行、就医困难），或者国家想实现一个目标（如经济发展、社会和谐、充分就业），国家就需要设定一定的规则体系，并用一整套的办法来实施这个规则体系。这个规则体系，就是前面所说的制度；而实施规则的整套办法，就是我们所说的治理工具。

治理工具涉及制度的实际执行方式。其科学合理与否，直接影响到制度宗旨和目标能否实现。例如，现代国家都将反贫困作为自己的职能目标，但并不是任何现代国家都能实现这个目标。其中起决定作用的是用何种治理工具，即以何种方式来反贫困。同理，充分就业是现代国家面临的共同任务，但不同国家促进就业的治理工具不同，其治理目标的实现程度就不同。

治理工具是一个包含着很多层次和内容的复杂体系。前面所提的经济和社会发展规划，就是一个治理工具。通过发展规划，国家不仅可以集中公共部门的资源，也为市场和社会提供一个发展愿景，从而引导社会和市场资源的集中，发挥资源的聚集效应。除了规划，权威当局还可以利用强制、补贴、税收、宣传等一系列工具调节人们的行为，导引社会资源的流向。

---

① SHAFRITZ J M. International Encyclopedia of Public Policy and Administration. Colorado：Westview Press，1998：997－998.

有些学者试图开发出一系列概念框架，帮助我们理解治理工具的复杂类型和体系①。总结这些研究成果，可以根据权威当局资源耗费的大小和强制性的程度，将治理工具分为组织工具、强制工具、经济工具、信息工具和其他（市场、社会和自我服务）工具等五大类型，每一类型又包含若干层次和内容的小类。有了这些类型的知识，我们就有了一个治理工具的选择清单。按照这个清单，当面对一个社会问题时，我们既可以组建公共部门直接来处理，也可以采用强制手段迫使个人或企业来处理，可以通过经济诱导或信息宣传的方式引导个人或企业采取行动，还可以直接利用市场机制和社会自愿机制来解决问题，或者综合使用这些工具。

二、中国式治理：中国之治的工具特色

中国古代受儒家、法家和道家文化的影响，长期以来在国家治理上形成了道德教化与法制规范互补结合、积极干预和自然无为轮番运用的治理特色。正是这些工具的运用，使得中国封建制度长期保持强劲的发展势头，生命力维持 2 000 余年。新中国成立后，中国国家治理一方面继承和发扬了古代国家治理的某些传统，一方面又吸收和借鉴西方工业化国家的治理经验，同时也创造了很多新型治理工具，主要体现在以下几个方面：

（一）积极建构和利用组织工具

国家治理虽然属于专业领域，为权威当局所执掌，然而毕竟涉及全民之公益，需要全民的共同努力。组织工具涉及的就是如何将全民组织起来，使之更好地服务于国家治理。

---

① HOOD. The Tools of Government. London Basingstoke，1983；萨拉蒙. 政府工具：新治理指南. 北京：北京大学出版社，2016；彼得斯，冯尼斯潘. 公共政策工具：对公共管理工具的评价. 北京：中国人民大学出版社，2007.

在此方面，古代中国一方面发展和制度化了官员选录制度，尽可能将社会最拔尖的精英人才选拔到官员队伍中来；另一方面也尽量发动民间精英，充分利用家族、士绅和行会等社会力量来辅助国家治理。新中国成立后，中国政府运用政党机制和干部机制，打造了一支强大的精英队伍。他们散布在社会的各个层面、领域，成为国家治理的领导者、发动者、组织者和示范者。正是有了这支强大的精英队伍，才有了中国共产党和政府强大的领导力和执行力。

不仅如此，计划经济时期，中国政府还在党的领导之下，建立了以人民公社和单位为基础的全覆盖的公有制组织体系，将所有人都组织进公有体制[①]之中，这样极大地减少了政府管理的对象。同时，由于大部分职责由公社和单位承担，政府往往不必亲自进行管理。这种组织工具的运用成本甚小，但是，它极大地压缩了市场和社会组织的生存空间，影响了人们积极性的发挥。20 世纪 70 年代末，中国在农村实行了家庭联产承包责任制和在城市实行了经济改革，让农民和市民成为社会主体，让党委和政府回归政权组织，政府及其附属公有组织所能控制的成员数量和控制力度，即组织工具的力度，大为降低。

改革开放后，为了有效应对时代发展带来的新的治理问题，党和政府努力加强组织工具的建设。主要有以下几个方面：

1. 深化党和国家机构改革，提升治理组织体系效力

新中国成立后，在解放区经验的基础上，我们学习和借鉴苏联的党政体制，根据国家实际需要建立了符合中国国情的党政机构体系。改革开放以来，为适应社会主义市场经济体制改革、发展社会主义民主政治的需要，党中央、国务院先后对党和国家机构进行较大规模的改革，特别是 2018 年至 2019 年进行的党和国家机构改革，较大规模地调整了部分党的职能部门和政府机构之间的关系，充实了党的部门机构的权限，整合了较为分散的政府职责，完善了市场执法体制，加强了政府的公共

---

① 李汉林．中国单位社会：议论、思考与研究．北京：中国社会科学出版社，2014．

服务和环境保护，向地方和基层下放了部分权力。这些改革，较好地适应了经济社会发展需要，为良好的国家治理提供了有力的组织保障。

2. 大力发展基层群众性自治组织，夯实国家治理基础

中国国家政权体系，除了中央机关、省市县乡等地方机关外，还包括村居层级的基层群众性自治组织。20 世纪 80 年代，在原有大队一级组织的基础上，农村地区普遍建立了村一级的群众性自治组织。此后，在城市基层也建立了居民委员会。截至 2018 年，全国共有村委会 54.2 万个、居委会 10.8 万个，覆盖全国所有的国土和人群[①]。基层群众性自治组织实行自我管理、自我教育、自我服务、自我监督的制度，对于村居层面的非政府性公共事务，以民主协商的方式共同管理，有力地维护了基层社会的稳定，化解了基层的矛盾，促进了村居经济和基层公共服务的发展。

同时，立足于基层群众性自治组织，国家有系统开展了社区建设[②]。先后将重要的民政服务、居民生活服务以及部分政府服务下沉到社区，建设社区服务体系，使社区成为人民幸福生活的家园；大力推进社区治理体系建设，健全基层群众自治组织中党的领导，推进社区协商制度化、规范化和程序化；完善政府服务，实现网格化管理，推动基层群众性自治组织和政府工作的有效衔接；推动社会治理重心向基层下移，发挥社会组织作用，实现政府治理和社会调节、居民自治的良性互动。所有这些，将国家治理的制度落到实处，为国家的长治久安提供了坚实的保证。

3. 改进社会组织管理，发挥社会组织在国家治理中的中介作用

改革开放初期，社会组织定位不清，仅仅被视为辅助性行业，在登记管理上实行了较高的标准和严格的程序。随着时间的推移，社会

---

① 中华人民共和国民政部. 2018 年民政事业统计公报. 民政部官网，2020-02-02.

② 向德平，华汛子. 中国社区建设的历程、演进与展望. 中共中央党校（国家行政学院）学报，2019（3）：106-113.

组织在国家治理中的作用日益受到重视。2017 年实施的《民法总则》将三大类型的社会组织与事业单位一起归入非营利法人类别，社会组织的法律身份和治理主体地位受到法治保障。党的十九大报告将社会组织纳入中国特色社会主义事业总体布局，为社会组织在新时代全方位参与国家建设提供了政治保证。党的十九届三中全会部署的党和国家机构改革，将社会组织纳入改革议程。在国家的扶持下，中国的社会组织快速发展。以前囊括在一般事业单位或人民团体、社会团体中的慈善组织，一些政府机构改革后变成的行业组织，以及大量民间出现的志愿组织、中介组织，一起形成社会组织空前繁荣的局面。根据民政部的统计，截至 2018 年底，全国共有社会组织 81.7 万个，其中社会团体 33.6 万个，基金会 7 000 多个，民办非企业单位 44.4 万个；捐赠收入达 919.7 亿元，共吸纳社会各类就业人员 980.4 万名①。这些社会组织在一定程度上弥补了市场和政府的不足，在为生产生活服务、倡导政策议程、为少数群体提供服务、参与社会重大活动、维护社会秩序、增加社会慈善供给、进行民间对外交往等方面，发挥了巨大作用，成为国家治理的重要力量。

（二）善于利用知识、价值等信息工具

中国共产党历来重视精神因素的作用，将其作为领导、团结和鼓励群众的重要手段。

1. 理论指导

党和政府坚持马克思列宁主义、毛泽东思想、邓小平理论、“三个代表”重要思想、科学发展观和习近平新时代中国特色社会主义思想在国家治理中的指导作用，无论在某项具体的政策活动中，还是在人们日常的工作、学习和生活中，都将理论的宣传和学习放在首位。这些理论总结了中国社会建设和发展的规律，指明了社会未来发展的趋势，明确

---

① 中华人民共和国民政部. 2018 年民政事业统计公报. 民政部官网，2020-02-02.

了国家治理的方向和内容。通过理论的宣传和学习，人们凝聚了共识，增强了信心，国家治理的合法性基础得以不断夯实，政策执行效率得以不断提高，为具体政策的论证提供了帮助。

2. 思想教育

新中国成立后，很快就建立了一整套国民教育体系，建立了九年制义务教育制度。除了国民教育外，中国政府尤其重视对青少年政治素质的培养，在国民教育系统中建立了专门的思想政治教育体系，并将包括政治素质在内的“德”作为国民教育的基本内容。良好的国民教育体系极大提升了中国的人口素质，增强了人们工作生活的积极主动性；而运行良好的政治思想教育体系，则直接为学生政治意识的培养提供了有效渠道。

3. 树立榜样

榜样示范是改革开放前典型的政府信息治理工具。“榜样的力量是无穷的。”在各行各业中树立各式各样的榜样，为人们的学习和进步提供具体生动的范例，引导和激励人民群众不断向政府倡导的行为规范靠拢。与榜样相配套的是，政府建立了多种多样的表彰制度，让更多的人进入先进榜样的行列，发挥对普通人的激励作用。

改革开放以来，为适应新的时代和环境变化的需要，中国政府在坚持上述信息治理工具的同时，开发和创新了大量新型信息治理工具。比如：建立健全榜样示范工具，整合和规范了国家荣誉制度[①]；重视公共知识对社会的引导作用，建立了集中统一的认证制度，实施了强制性产品认证，大力推广非强制性认证[②]；大力开展政务信息公开，在加强社会对党和政府机构的监督的同时，提高公众满意度[③]。

---

① 彭怀祖. 我国国家荣誉制度建设的回顾与展望. 南通大学学报（社会科学版），2017（1）：49-55.

② 许增德. 国家质量基础：认证认可事业的发展. 上海质量，2015（12）：11-14.

③ 徐丽枝，任海伦. 我国政府信息公开的理论与实践. 西部法学评论，2016（4）：41-50.

（三）积极发展运用现代管制工具

管制是政府的常见工具，其典型特征是强制性。在中国，计划经济时代的管制手段主要用于统治领域，针对的是政治上的敌人（包括罪犯）。而这里所言的管制工具，主要指的是20世纪80年代后政府在经济领域实施的强力手段。

70年代末，为了发展商品经济，维持市场秩序，国家设立市场监管机构。同时，计划经济时期就从事经济管理的一些部门，也在各自职责范围内从事行业监管（如准入资格、行业标准）；一些综合性管理部门，则按照机构职责从事相关管理（如价格）。

90年代后，随着市场经济的快速发展，国家加快了行政改革，在取消大量行业经济管理部门的同时，加强了经济管制：打破电信、煤炭、交通、电力、水利、铁路等行业的垄断经营，引进市场竞争机制，同时加强标准、准入资格、价格、质量等管制工具的运用；在金融、证券、期货、保险、能源、民航、互联网等行业建立了专门的监管机构，实施有针对性的管制；强化了跨行业的一般监管；强化了价格、反垄断、广告、知识产权等方面的监管。

2000年后，国家在强化经济监管的同时，大力强化了社会管制，建立了食品药品监管机制，强化了对产品的质量管制，加强了对生产安全的监控，提高了对经济活动违反管制行为的司法打击力度。

除了管制外，为了规范政府、社会、企业和个人行为，中国政府一直积极推进法制化建设。80年代后，一大批有关市场经济的法律法规出台，为规范政府行为、保护市场制度提供了有力保障。同时，依法行政的推进，以及一大批行政法律法规（如《行政诉讼法》《国家赔偿法》《行政处罚法》《行政许可法》等）的推行，为政府行为的规范化提供了基本依据。改革开放的发展，为中国法律体系增添了更多的国际法和国际惯例。政府内部管理体制的改革，如行政裁决的程序化、行政执法的专业化、行政部门和人员的责任追究制度等，也为政府法治化提供了保障和动力。

(四) 大力开发和灵活运用经济激励工具

改革开放后，党和政府通过经济体制改革，开放运用了一系列与市场经济相匹配的工具。

1. 市场工具

市场机制的最大优点，在于其竞争机制能消除垄断带来的低效。改革开放后，党和政府不仅大力发展市场经济，而且在国家治理领域也积极运用市场机制，提升治理效能。其主要策略包括：第一，打破对公共服务的垄断，积极引入市场化机制。政府有序推进公共事业体制改革，积极放开城市水电热气等基本服务行业，打破城市教育、卫生、交通、文化娱乐等领域的公共垄断，促进事业单位组织之间的有效竞争。第二，创新服务供给和生产方式，在基础设施建设和重大工程建设领域广泛采用政府采购制度，推动公共事业服务主体的多元化。在公共服务中，采用特许、合同外包、行政契约和政府购买服务①等方式，将以前由公共组织承担的服务职责交由企业和社会组织实施。第三，模拟市场，积极发挥竞争机制的作用。对于那些受客观条件的限制（如没有外部市场）或因特定需要而无法引入市场化机制的公共服务行业领域，政府有时以碎片化的方式，将某些领域的垄断组织分成若干个功能相近的小组织，有时以组织复制的方式，在同一领域新建若干同类型的小组织（如在同一条街道建立多条公交线路，在同一个城市建立两套急救服务），让这些小组织相互竞争，以实现竞争择优、不断提升治理效能的目标。

2. 产权和产权交易工具

20 世纪 70 年代末以来，国家对单一的公有制进行了改革，所有制呈现多元化发展：在农村，实行家庭联产承包责任制，赋予农民对土地

---

① 转发财政部、发展改革委、人民银行关于在公共服务领域推广政府和社会资本作模式指导意见的通知．中国政府网，2015-05-19；唐祥来．PPP 模式的治理逻辑、工具属性及其绩效．经济与管理评论，2016（4）：20-27.

等生产资料的经营权、使用权和收益权；在城市，探索企业承包经营制；同时，允许外国私营企业在中国的存在和发展，允许和鼓励个体与私营经济的发展。80 年代后，深化企业产权体制改革，建立平台支持和鼓励企业产权交易；大力发展集体（乡镇）产权组织；允许劳动力自由流动；推进森林、草原、土地、滩涂产权制度改革。90 年代后至今，积极进行国有企业改革，提升国有企业的经营能力；大力推进和深化推进金融、住房、土地、知识著作、发明专利、矿产资源等产权制度改革，在传统的公有制领域（如城市基础设施建设、自然垄断行业、公共服务等），积极引入市场化机制。

这些产权制度改革，确定和保护了政府、企业、社会组织和个人的利益，极大程度地调动了各方的积极性。不仅如此，在具体的微观领域，政府还积极利用产权交易手段，引导标的群体的行为。比如，在全国试点排污权交易制度，以控制和减少排污总量①；明确城市土地使用权出让、转让、出租、抵押，提升土地利用效率；允许探矿权、采矿权在规定的范围内进行转让；探索农村集体土地流转制度，允许通过土地入股来参与生产经营，以增加农民收益；探索扩大林业、草原资源经营权流转，增加林农和牧民的收益；等等。

3. 财政金融工具

财政的关键环节包括收入和支出，每个环节都包含着一系列的可运用的工具。其中在收入方面，主要有税收、收费和公债；支出方面，主要有补助、购买等。

在税费方面，中国政府近年来开发出不同的工具，如制定决策的宏观税收工具（采取不同的税种、税基和税率等），在不同地区对不同行业企业和个人实施不同的税收优惠或减免（包括减税、免税、起征点、免征额），对符合条件的企业（活动）实行税收扣除、优惠退税、税额

---

① 余阿梅，张宁．中国排污权交易制度的发展历程及展望．环境与安全，2016（14）：145-146；国务院办公厅关于进一步推进排污权有偿使用和交易试点工作的指导意见．中国政府网，2014-08-25.

抵免等等，在企业中实行加速折旧、税收递延等，形成了较为系统全面的税收工具筐。

在补助方面，主要形式有财政拨款、财政贴息、财政返还、无偿划拨等，目的包括培育产业、价格补助、生活补助等等。补助政策是传统产业、民族产业、新兴战略产业、社会保障等领域的主要推进器。比如，在农业领域，2017 年中央财政补助政策强农惠农政策项目就达到 31 项，涉及资金 400 多亿元①。

积极利用政府采购工具，在维护政府运转，刺激社会需求，为经济提供动力的同时，也能实现特定的政策目标。如 2016 年，中国政府优先采购环保产品规模达到 1 360 亿元，授予中小微企业的采购合同的总采购额为 24 036.2 亿元，有力支持节能环保产业，促进中小企业发展②。

在金融工具方面，中国政府除了采用国际通行的货币工具（如信贷规模、存款准备金、利率、再贴现、汇率政策等）外，还直接对国有商业银行进行窗口指导和下达直接指令。通过间接或直接控制金融组织及其行为，中国政府能够较容易影响金融资源配置，达到调节市场和居民经济行为的目标。在最近 20 年，世界金融体系遭受几次大的危机，中国金融一直能安然无恙，不能不说与金融工具的科学运用有关。

三、中国式治理背后的制度优势

治理工具是实现治理目标的行动机制，其选择和运用直接关系国家治理效能的高低。总的看来，新中国成立以来，尤其是改革开放以来，党和政府兼容并包，与时俱进，继承、吸收、开发和创新了大量治理工具，形成了既反映现代国家治理规律，又有鲜明中国特色的治理工具体系。需要指出的是，国家治理工具体系的形成，并不是随意选择的，而

① 农业部财务司．农业部　财政部发布 2017 年重点强农惠农政策．农业部官网，2018-03-23.

② 曾金华．2016 年全国政府采购规模 25 731 亿元　增长 22.1%．中国经济网，2017-08-25.

是受制于治理行动者的意愿能力和国家既有的制度传统。正是在这些方面，我们看到，中国国家制度具有的一些特定优势，为中国特色的治理工具运用提供了基础、保证和方向。

（一）坚持党的领导，形成了国家治理工具的基本特色

党的领导是中国国家治理的基本事实，也型构了国家治理工具运用的基本特色。党在国家治理方面的领导，既表现在对正式的国家机构的领导，也体现在对各种基层的正式和非正式社会组织（包括市场组织）的领导，还体现为对人民群众的领导。在实践中，要实现这种全方位的领导，一个基本途径是党的组织和党员。当前，党的基层组织达450多万个，党员9 000多万。在国家的各个层面、各个领域、各个组织中，都有党组织存在，都有党员的活动。因而，抓好党的自身建设工作，以此带动各个领域、行业和地区的工作，成为党领导下的国家治理的重要特色。换言之，党组织既是国家治理的领导力量，也是治理途径。改革开放以来，中国共产党大力加强党的建设，强化党的领导作用，持续开展了一系列学习教育、治理整顿、开发培训、反腐倡廉和纪律检查工作，扩大了党组织的覆盖面，强化了党组织的领导力和纪律性，党组织和党员在新时期国家治理中的重要力量更加突出。

（二）坚持人民当家作主，保证了国家治理工具创新的主要方向

人民当家作主是中国国家治理的突出特点。《宪法》规定：“中华人民共和国的一切权力属于人民。”人民通过人民代表大会行使权力，依照法律规定的途径和形式，获取信息、参与治理、监督政府。在治理工具的选择上，这一点也得到很好的体现。

坚持巩固和发展基层民主，在党的统一领导下发展群众性自治组织，有效衔接群众性自治组织和各级政府组织，将国家治理、地方治理和社区治理打造成一个无缝链接的治理体系，夯实了国家治理的社会基础。

积极支持社会组织发展。近年来，国家不断改进社会组织登记管理

制度，积极探索和构建枢纽型社会组织，打造社会组织孵化器，制定专门向社会组织购买服务的政策等，培育和壮大社会组织。

推进政务信息公开，保证人民的知情权和监督权，助力人民参与国家治理。2004 年后，政府加快信息公开步伐。2008 年制定政府信息公开条例，使政务公开有法可依，随后在财政预决算、“三公”经费支出等重点领域公开信息，大力利用政府网站、政务微博、政务微信等发布信息。

坚持协商民主，大力推进文明治理。党和政府强调决策的民主性和科学性，重视在重大和事关群众切身利益的领域实行协商制度，实现实质民主。中国推进和谐社会建设，不遗余力开发和使用经济工具和新型信息工具，让国家治理更加柔性、文明，公众更多一些自由，让中国政府和市场、社会、公民的关系更加和谐。

（三）坚持精神文化的引导，构成了国家治理工具的重要特征

作为使命感很强的政党，中国共产党始终坚持理论上的先进性。中国共产党成立伊始，即坚持以马克思主义为指导；在长期的历史发展过程中，中国共产党逐步结合中国革命、建设和改革的实践，不断进行理论创新，形成了毛泽东思想、邓小平理论、“三个代表”重要思想、科学发展观和习近平新时代中国特色社会主义思想。这些理论创新成果，不仅指引党自身保持思想的先进性，也为意识形态的科学性和先进性提供了理论支撑，为宣传动员、学习教育和政策论证提供了坚实的内容储备。

作为世界文明古国，中国向来就有深厚的文明积累、强大的文明动力和强烈的文明追求。在长期的文明发展中，中国人不仅普遍形成了“修身齐家治国平天下”的个人理想，也形成了“老吾老以及人之老，幼吾幼以及人之幼”、“协和万邦”和“天下大同”共同愿景。这为党和政府运用以共同的信念、价值和道德来教育、引导人民群众，提供了社会心理和情感基础。

（四）坚持以人民为中心的改革，引导国家治理工具的创新

70多年来，党和政府与时俱进，根据国情民意和国家发展目标，不断改变着治理工具的运用类型和重心，不断抛弃旧有的落后工具，开发和使用新的工具。组织工具的改进、信息工具的创新，以及经济激励工具和市场社会工具的大量使用，都鲜明地体现了这一点。

坚持人民为中心，大量创造性地使用新型市场工具。20世纪70年代末以来，我国开始了市场导向的经济体制改革。与此同时，市场和产权制度作为基本的治理工具，也被大量采用。由此，形成了类似于西方的第一代工具到第二代工具的转型。在微观领域，特别是在医疗、就业、教育、扶贫、救济和环境领域，也运用了大量的市场工具，充分照顾到了市场主体和社会个体的利益，使得整个社会充满生机活力。

引导人民参与，让国家治理反映人民的意志。中国政府不仅在经济领域引进了多种经济成分，在一些公共事业管理和服务领域也对市场和社会进行了开放。现在，绝大多数公共服务都是由政府、市场和社会组织、公民等共同提供。政府由单独的行动者变成了领导和组织者，并与其他治理行动者一起形成了“合作治理”。与之相适应，中国政府治理工具的类型，也增加了行政许可、合同外包、政企合作、政社合作、协商沟通等，让人民有了更多的发言权和选择权，也让人民的利益有了更多的实现和保障途径。

在以人民为中心思想的指导下，中国政府通过分权化措施和激励措施，鼓励各部门各地区进行治理工具的创新。实际上，很多在全国推行并被加以规范的政府治理工具，如排污权交易、合同外包、模拟市场、社会管制等，都是源自地方的探索。在长期的实践中，中国也形成了试验、试点、示范等多种创新途径，为治理工具的创新提供了源源不断的知识和经验。

总而言之，1949年后中国发展的历史进程，既是一个不断建立、改进和完善治理制度的过程，也是一个不断实践、创新和开发治理工具的过程。中国治理工具的创新发展和有效运用，巩固和实现了中国的制度

优势，创造和提升了国家治理效能。

中国治理工具的创新发展和有效运用，是党和政府自身实践探索的结果。它坚持问题导向和目标导向，以对实践中的治理问题反思为出发点，以获取治理成效为落脚点，不断学习，不断试错，不断扬弃，不断丰富，最终形成了符合现代治理要求、具有鲜明中国特色的工具体系。这种体系构成了中国式治理的主要内容，是中国之治形成的直接途径。

中国治理工具的创新发展和有效运用，是在坚持中国国家制度、发挥制度优势的基础上进行的。70 多年来，中国共产党领导中国人民扎根中国历史和现实土壤，建立了一整套国家治理制度。这些制度对治理工具的创新和发展指明了方向，也为治理工具的开发和利用打下了坚实的基础。正是有了这些支撑和引领，中国才形成了古今融合、兼容并包、特色鲜明的治理工具体系。

当前，社会正进入新的发展时期，社会更加复杂化、多元化和动态化，机会和挑战并存。中国国家实力不断增强和地位不断上升，在国际社会中的责任和担子也愈来愈重。所有这些都要求我们更加智慧地选择和运用治理工具。中国应在坚持和发扬优良传统的基础上，立足和借助国家治理的制度优势，继续创新和优化治理工具，让国家的制度优势更好地转化为国家治理效能。

图书在版编目（CIP）数据

中国之治：国家治理体系和治理能力现代化十五讲/杨开峰等著. --北京：中国人民大学出版社，2020.9
（“认识中国·了解中国”书系）
ISBN 978-7-300-16356-7

Ⅰ.①中… Ⅱ.①杨… Ⅲ.①国家-行政管理-现代化管理-研究-中国 Ⅳ.①D630.1

中国版本图书馆 CIP 数据核字（2020）第 154312 号

国家出版基金项目
“十三五”国家重点出版物出版规划项目
“认识中国·了解中国”书系
中国之治：国家治理体系和治理能力现代化十五讲
杨开峰 等 著
Zhongguo zhi Zhi

出版发行	中国人民大学出版社		
社　　址	北京中关村大街 31 号	**邮政编码**	100080
电　　话	010－62511242（总编室）		010－62511770（质管部）
	010－82501766（邮购部）		010－62514148（门市部）
	010－62515195（发行公司）		010－62515275（盗版举报）
网　　址	http://www.crup.com.cn		
经　　销	新华书店		
印　　刷	天津中印联印务有限公司		
规　　格	170 mm×240 mm　16 开本	**版　　次**	2020 年 9 月第 1 版
印　　张	14.25	**印　　次**	2024 年 1 月第 4 次印刷
字　　数	195 000	**定　　价**	68.00 元